TREKKING GUIDE

Peru

Matthias Wittber

BRUCKMANN

INHALT

TREKKING GUIDE

TREKKING IN PERU

Das mächtige Massiv des Huascarán, mit 6768 m höchster Berg Perus, dominiert die nach der Regenzeit grüne Kulturlandschaft zu Füßen der Cordillera Blanca.

Land und Leute

»*El Perú nacio serrano ...*« ist der Titel eines populären Liedes in diesem südamerikanischen Land. »Peru wurde im Hochland geboren«, und wahrlich sind das Land und die Menschen, die Geschichte und die Kultur Perus untrennbar mit den Anden verbunden. Dort war die Wiege der wichtigsten Kulturen (Chavín, Huari, Tiahuanaco und Inka); im Hochland (Cajamarca) überrumpelten die Spanier das Inkaheer und dessen Herrscher Atahualpa, und im Hochland war die Entscheidungsschlacht der Unabhängigkeitskämpfer Perus gegen die Königstreuen. Aus dem Hochland brachten die Spanier das Silber und das Gold nach Europa, und heute noch befinden sich dort die wichtigsten Minen des Landes.

Auch wenn heute die Küstenstadt Lima das Zentrum des Landes ist und alle wichtigen politischen und wirtschaftlichen Entscheidungen dort getroffen werden – von den 8 Millionen Bewohnern der Stadt hat die große Mehrheit ihre Wurzeln im Hochland. Die starken Migrationsbewegungen der letzten Jahrzehnte hin zu der

Großstadt, die allein ein Drittel der Einwohner Perus beherbergt, erfolgten fast ausschließlich von dort.
Die Peruaner sind sich dieser Tradition bewusst – und verklären sie gerne auch. Wie in diesem Lied, das die Schönheiten des Hochlandes beschreibt. Allerdings ist die wirtschaftliche Not und der damit verbundene Zwang, in der Großstadt sein Glück zu suchen, eben größer als die Liebe zu den schneebedeckten Bergen, zu der unendlichen Puna und zu den Monumenten der Alten Kulturen.

Natur

Flora

Die Vegetationszonen Perus (hier bezogen auf die Küste und das Hochland der Sierra) lassen sich in folgende Stufen einteilen:

• 300–1500 Meter (Costa): *Tierra caliente,* heiße Zone:
Der feine Nebel, der die Küste den größten Teil des Jahres einhüllt, verschwindet abrupt in ca. 300 Meter Höhe. Die braune Küstenwüste wird in den Flussoasen zu fruchtbarem Land. Eine Vielzahl verschiedener Kulturpflanzen kann angebaut werden.

• 1500–2000 Meter: *Tierra templada,* gemäßigte Zone:
Pflanzen in dieser Zone (Yunga) haben sich angepasst, lang anhaltende Trockenzeiten mit hohen Temperaturen bei relativ geringer Luftfeuchtigkeit zu überstehen.

• 2000–3500 Meter: *Tierra fría,* kalte Zone:
In dieser Zone (Quechua) befinden sich die Hauptsiedlungsgebiete im peruanischen Hochland. Am Beispiel des langsam abfallenden Santa-Tales (von 4000 auf 2300 Meter bei Caraz) lässt sich die Zunahme der Landwirtschaft je 100 Meter Höhenverlust gut beobachten. Mais, Weizen und Kartoffeln bilden die Basis der Landwirtschaft, die auf die Niederschläge der Regenzeit (Oktober bis März) angewiesen ist.

• Über 3500 Meter:
Diese Zone (Puna) ist unwirtlich, kalt und oft sturmumtost; es wächst nicht mehr viel als das charakteristische Ichu-Gras. Diese Zone ist vorwiegend Weideland; die Besiedlung ist gering.

• Über 5000 Meter:
Mit »Janca« wird das Gebiet bezeichnet, das vegetationslos und von ewigem Eis bedeckt ist. Diese Grenze steigt seit Jahren durch die weltweite Klimaerwärmung an.

Wichtige Pflanzen

Nicht südamerikanischen Ursprungs, sondern ein Import ist der Baum, der in der Cordillera Blanca am häufigsten vorkommt – der Eukalyptus. Er wurde im 19. Jahrhundert aus Australien eingeführt; er wächst sehr schnell, andererseits laugt er den Boden aus, und vor allem wurzelt er so tief und pflanzt sich über die Wurzelstöcke fort, dass er praktisch unausrottbar ist. Sein Holz wird in Minen oder beim Hausbau verwendet.

Weit seltener zu sehen und deshalb in Peru und Bolivien nur noch an wenigen Stellen zu finden sind die Puya-raimondii-Pflanzen, die zur Familie der Ananasgewächse gehören und bis zu zehn Meter hoch werden können. Im Bereich der Cordillera Blanca stehen sie z. B. direkt an der Straße, die von Pachacoto nach Pasto Ruri führt. Nur ganz selten ist eine Puya raimondii in Blüte zu sehen.

Fauna

Um es vorweg zu sagen: Spektakuläres hinsichtlich der Fauna ist auf den verschiedenen Trekkingtouren nur selten zu sehen. Der Kondor mit seinen bis zu drei Metern Spannweite lässt sich nur noch selten blicken. Ist aber irgendwo ein Tier verendet oder ein Esel abgestürzt, dann kommen sie immer noch in Scharen. Oft segeln sie aber zur Küste, um sich von Fischabfällen zu ernähren.

Im vegetationsarmen, öden Hochland der Puna unterbrechen zauberhafte Wollkakteen die Eintönigkeit der Landschaft.

Im oberen Cedros-Tal, das über mehrere Pässe erreichbar ist, zeigt sich der »schönste Berg der Welt«, der Alpamayo (5947 m), in seiner vollendeten Pyramidenform.

Noch seltener zu sehen sind die scheuen Vicuñas, eine wilde Lamaart. Nur an einigen Stellen der Cordillera Blanca und der Cordillera Huayhuash kann man sie noch beobachten. Im südlichen Peru sind sie noch etwas häufiger zu sehen. Dem Andenhase *(viscahca)* und dem Andenfuchs *(zorro)* wird man auf einer Trekkingtour eher begegnen, ebenso dem Andenhirsch *(venado gris)*. Lamas und Alpakas trifft man in den Gebirgen um Cuzco noch in großen Herden. Bis in mittlere Lagen (etwa 3500 m) zeigen sich die bunten Kolibris. Wohl wenig Enttäuschung wird die Tatsache auslösen, dass man praktisch nie einen Puma zu sehen bekommt; das Tier ist nachtaktiv. Der Brillenbär *(oso de anteojos)* ist praktisch nicht mehr anzutreffen. Artfremd sind die Forellen in den zahlreichen Gletscherseen – sie wurden aus Europa eingeführt. Der Fischreichtum des kalten Humboldtstromes begünstigt an der Küste die Verbreitung einer Vielzahl von verschiedenen Vögeln wie etwa Pelikane und Kormorane. Seelöwen können südlich von Lima bei Paracas bewundert werden. Das Amazonasbecken verfügt mit seinen zahlreichen Flüssen über großen Fischreichtum. Süßwasserdelfine, Pirañas und Paiche sind nur einige von ihnen.

Klima – Wetter – Reisezeit

Regenzeit – Trockenzeit

Das Klima in den peruanischen Anden unterscheidet zwei Jahreszeiten: die Regenzeit und die Trockenzeit. Die Trockenzeit und damit die beste Zeit für Wandern, Trekking und Bergsteigen beginnt etwa im April und endet im September. Das Klima im Hochland während der Trockenzeit würden wir als Sommer bezeichnen. Offiziell ist es in Peru aber »Winter« *(invierno)*, da man sich nach dem Wetter an der Küste richtet. Der Einfachheit halber wird in diesem Buch die für die Bergtouren günstigste

Jahreszeit als »Saison« bezeichnet und auf Begriffe wie Sommer und Winter verzichtet.
Während der Trockenzeit ist das Wetter überwiegend stabil. Es kann ohne weiteres drei oder vier Wochen die Sonne scheinen, ohne dass ein Tropfen Regen fällt. Meist schließen sich an eine längere Schönwetterperiode einige schlechte Tage an. Es kommt zu Niederschlägen, und die Berge sind kurzzeitig nicht mehr zu sehen. Gegen Ende der Saison ziehen nachmittags immer häufiger Wolken auf, und gelegentlich regnet es dann am Abend oder in der Nacht. Hat es geregnet, dann ist der nächste Morgen wieder klar. An Pässen und in hoch gelegenen Tälern geht der Regen in Schnee über – durch die starke Tropensonne ist er am nächsten Tag innerhalb weniger Stunden wieder weggeschmolzen.
Während der Saison könnte das Wetter eines Trekkingtages wie folgt aussehen: Der Übergang von der Nacht zum Tag geht sehr schnell vor sich. Gegen 6.20 Uhr wird es hell. Es wird dann schnell warm, und das Trocknen der Außenhäute der Zelte geht mit Sonne und geringer Luftfeuchtigkeit rasch vor sich. In windgeschützten Tälern können die Temperaturen im weiteren Verlauf des Tages leicht 20 Grad Celsius erreichen. Es ist dann angenehm, im leichten Baumwollhemd zu wandern; ein Pullover sollte aber immer in Reichweite sein. Schieben sich ein paar Wolken vor die Sonne oder kommt Wind auf, dann kann es sehr schnell kalt werden. Der Zeltplatz, der am späten Nachmittag erreicht wird, mag von der Sonne so erwärmt sein, dass es sich lohnt, die Schuhe auszuziehen und barfuß zu gehen. Nach der kurzen Dämmerung, mit Einfall der Nacht gegen 18.30 Uhr, wird es schlagartig kalt. Jetzt ist man froh über Pullover, Daunenjacke und Überhose. In einer klaren Nacht sinken die Temperaturen schnell unter null Grad.
Jeder, der seine Trekkingtour an den Anfang der Saison legt, erlebt die Landschaft in einem herrlichen Grün und die Berge in prachtvollem Weiß. Der Nachteil: Durch die starken Regenfälle sind viele Wiesen und Pfade noch überschwemmt – gutes Schuhwerk ist deshalb unbedingt notwendig. Gegen Mitte und Ende der Saison sind alle Wege begehbar, ohne dass man sich nasse Füße holt. Das Grün der Landschaft ist dann allerdings dem Gelb und Grau der verdorrten Gräser gewichen.

Die arrieros leiten die Tragtiere über eine Holzbrücke zum nächsten Anstieg. (Chinchaysuyo-Highway, Tour 15).

Geschichte

Die ersten Anzeichen einer Hochkultur in Peru werden auf die Zeit um 1500 v. Chr. datiert. Die Chavín-Kultur (ab 1200 v. Chr.) gilt als die älteste Kultur in Peru. Ihr Zentrum hatte sie am Ostabhang der Cordillera Blanca, nahe dem Ort Chavín de Huántar (s. Übersichtskarte Seite 22). Auf der Trekkingtour Olleros – Chavín – Catac (Tour 13) endet der Abstieg direkt am Ruineneingang. Schon von weit oben ist der archäologische Komplex zu erkennen (siehe Bild Seite 104).

In der Chavín-Kultur wurde eine Raubkatzengottheit verehrt. Ähnliche Gottheiten wurden bei anderen, späteren Kulturen im Raum von Alt-Peru gefunden. Die Chavín-Kultur gilt deshalb als erste panperuanische Kultur.

Etwa 300 Jahre v. Chr. ließ der Einfluss der Chavín-Kultur nach. In den fruchtbaren Flußoasen sowie in geschützten Hochtälern entwickelten sich lokale Kulturen. Die relative Isolation, hervorgerufen durch hohe Bergketten bzw. einen unwirtlichen, wüstenhaften Küstenstreifen, hatten zur Folge, dass diese Kulturen kaum miteinander in Kontakt treten konnten.

Die wichtigsten Kulturen an der Küste waren Virú (300 v. Chr. bis 100 n. Chr.), Moche (200 v. Chr. bis 700 n. Chr.), Paracas (300 bis

An fruchtbaren Weizen- und Maisfeldern vorbei wandert der Trekker zu den Eisriesen der Cordillera Blanca.

100 v. Chr.) und Nazca (100 v. Chr. bis 600 n. Chr.). Im Hochland waren es die Kulturen von Recuay im Bereich der südlichen Cordillera Blanca (300 v. Chr. bis 700 n. Chr.) sowie Tiahuanaco im heutigen peruanisch-bolivianischen Grenzgebiet (Zeitenwende bis 700 n. Chr.).

Die Huari-Kultur gilt als zweite panperuanische Kultur. Sie hatte ihr Zentrum in der Stadt Huari bei der heutigen Stadt Ayacucho. Ihr Einflussgebiet erstreckte sich von Nord- bis nach Südperu. Diese Kultur war aber nur von kurzer Dauer – um 1000 n. Chr. kam es zu einem Zerfall in viele regionale Kulturen, wie z. B. die Kulturen von Chimú und Recuay.

Die Inkas begannen ab dem 15. Jahrhundert, durch straffe Organisation und ein starkes Militärwesen ihren Einflussbereich bis nach Ecuador und Nordchile bzw. Nordargentinien auszudehnen. Der Streit zwischen den Inkasöhnen (Inka bezeichnet auch den Herrscher des Inkareiches) Atahualpa und Huáscar erleichterte den Spaniern im Jahre 1532 die Eroberung des Inkareiches. In weniger als einem Jahr nach Betreten des Landes hatten sie der eigenständigen indigenen Kulturentwicklung in Altperu ein Ende gesetzt.

Im Jahr 1533 zog Hernando Pizarro als erster Spanier im Gebiet der Cordillera Blanca vorbei. Er kam von Cajamarca und folgte dem Weg über die Städte Caraz, Yungay, Carhuaz, Huaraz und Recuay nach Pachacoto im oberen Santa-Tal. Von dort führte sein Weg über Marca und Paramonga zur Tempelstadt Pachacamac. Noch im selben Jahr machte sich sein Bruder Francisco Pizarro auf den Weg von Cajamarca nach Cuzco. Er benutzte durch das Santa-Tal denselben Weg bis Pachacoto, folgte dann aber der Route über Chiquián und Pacllón zur Küste. Pizarro gründete 1535 Lima; im Jahre 1541 wurde er von ehemaligen Kampfgenossen ermordet.

Durch den schwunghaften Handel mit dem Mutterland wurde Lima eine der wichtigsten Städte in den südamerikanischen Kolonien. Das Vizekönigreich Peru umfasste bis ins 18. Jahrhundert fast den gesamten südamerikanischen Halbkontinent, ausgenommen Brasilien, eine Kolonie Portugals.

Die der Eroberung folgenden Jahrhunderte waren durch die hemmungslose Ausbeutung der Silberminen im Hochland gekennzeichnet. Dabei wurde die indigene Bevölkerung mit beispielloser Grausamkeit zur Zwangsarbeit getrieben. Die Arbeitsbedingungen in den Bergwerken führten zu rascher Dezimierung.

Anfang des 19. Jahrhunderts begannen dann die Unabhängigkeitskriege. Peru hatte 1821 die Unabhängigkeit erklärt. Es dauert aber bis zum Jahre 1824, bis bei den entscheidenden Schlachten von Junín und Ayacucho die Königstreuen endgültig besiegt waren.

Das unabhängige Peru zog im Jahre 1879 zusammen mit Bolivien (das sich 1825 als Ober-Peru abgespalten hatte) in den Salpeterkrieg *(Guerra del Pacífico)* gegen Chile. Der Krieg zog sich bis 1884 hin und endete mit der Niederlage Perus. Die Südprovinzen Perus mussten an Chile abgetreten werden. Die besetzte peruanische Stadt Tacna kam erst im Jahre 1929 nach einem Volksentscheid wieder an Peru zurück.

Die nächste kriegerische Auseinandersetzung ging Peru mit dem nördlichen Nachbarn Ecuador ein. Streitpunkt waren Urwaldprovinzen, in denen Erdölvorkommen vermutet wurden. Peru ging aus dieser Auseinandersetzung siegreich hervor.

Das 20. Jahrhundert war weniger von politischen Ereignissen, als vielmehr von furchtbaren Naturkatastrophen gekennzeichnet.

Eingerahmt zwischen Cordillera Blanca und Cordillera Negra liegt Huaraz im mittleren Santa-Tal. Die Stadt ist das Bergsteiger- und Trekkingzentrum Perus.

Politik und Wirtschaft

In der peruanischen Politik des 20. Jahrhunderts wurde zunächst die in den ehemaligen spanischen Kolonien so bewährte Teilung der Macht unter Militärs, Großbürgertum und Großgrundbesitz fortgesetzt. Demokratische Perioden waren meist nur von kurzer Dauer. Große Teile des Landes (Hochland, Amazonasgebiet) waren lange Zeit politisch unterrepräsentiert. Die Politik wurde immer in Lima gemacht, und dort wurde auch zuerst das Geld ausgegeben. Vereinzelte Aufstände änderten nichts am Gesamtbild der peruanischen Politik.

Im Jahr 1968 wurde Staatspräsident Fernando Belaúnde Terry von den Militärs aus dem Amt entfernt. Die Militärs mit Putschgeneral Velasco an der Spitze gaben sich sozialistisch, verstaatlichten den Großgrundbesitz und die Schlüsselindustrien und pflegten gute Beziehungen zur UdSSR und zu Kuba. Schon nach einigen Jahren musste unter dem nachfolgenden General Morales Bermúdes ein Teil der Reformen rückgängig gemacht werden. Die Verstaatlichungen hatten zwar vielen Offizieren gut bezahlte

Posten in den verstaatlichten Unternehmen eingebracht, was sich aber nicht unbedingt vorteilhaft auf deren Produktivität auswirkte. Schließlich mussten die Militärs im Jahre 1980 wieder freie Wahlen zulassen, die der zwölf Jahre zuvor fortgejagte Belaúnde gewann. Nach fünf Jahren Amtszeit folgte ihm der junge und charismatische Führer der Apra-Partei (Sozialdemokraten), García Pérez, im Amt. Eine absurde Wirtschaftspolitik mit galoppierender Inflation, der Versuch, die Banken zu verstaatlichen, und jede Menge Skandale brachten das Land an den Rand des Ruins. Die zunehmenden Anschläge der Untergrundorganisation Sendero Luminoso, »Leuchtender Pfad«, bekam auch Garcias Nachfolger, der japanischstämmige Fujimori, anfangs nicht in den Griff. Fujimori hatte bereits 1992 das Parlament entmachtet; seine Wiederwahl im Jahr 2000 kam durch Wahlmanipulationen und Verfassungsbruch zustande und führte nach Protesten der Bevölkerung schließlich zu seiner überstürzten Flucht nach Japan. Der nachfolgende Präsident Toledo führte das Land zwar auch nicht vollständig aus der Krise, kann aber zumindest von sich behaupten, der erste indigene Präsident in der republikanischen Geschichte des Landes gewesen zu sein.

Gesellschaft und Kultur

Peru hat etwa 28 Millionen Einwohner. Ein Drittel davon lebt in der Hauptstadt Lima. Die Landflucht in die Hauptstadt wie auch in andere Küstenstädte wie Arequipa, Chimbote oder Trujillo hält immer noch an. Die Menschen siedeln sich in den ausufernden Elendsvierteln, in Peru *pueblos jovenes* genannt, an und hoffen auf eine noch so gering bezahlte Tätigkeit als Hausmädchen oder als Wachmann. Die Menschen legen in den Großstädten schnell die Bräuche und Gewohnheiten des Hochlandes ab.

Sprache

Offizielle Staatssprachen sind Spanisch, in Peru *Castellano* genannt, und Ketschua. Während der Zeit der Militärdiktatur von 1968 wurden Versuche unternommen, das Ketschua zu fördern. Eines der größten Hemmnisse dabei ist die Tatsache, dass es kein Hoch-Ketschua gibt, diese Sprache also in viele Dialekte aufgegliedert ist. So haben z. B. Bergführer aus Huaraz erhebliche Schwierigkeiten, sich im südlichen Peru mit der Landbevölkerung auf Ketschua zu verständigen. Ketschua ist als Umgangssprache im Hochland von Peru noch weit verbreitet.

Religion

Der größte Teil der Bevölkerung ist katholisch, wobei sich im Hochland Elemente der Naturreligion erhalten haben. Noch immer sind die Feste der Dorfheiligen im Hochland das wichtigste Ereignis des Jahres. Auf diese teilweise eine Woche dauernden Feste, bestehend aus Kirchgang, Prozession, lauten Böllerschüssen, Tanz auf den Straßen, farbenfrohen Musikgruppen, Stierkampf und nicht enden wollenden Trinkgelagen, verwenden nicht wenige Bewohner ihre gesamten Ersparnisse. Vereinzelt vermischen sich dabei Elemente aus den Zeiten vor der spanischen Eroberung mit dem christlichen Glauben. Trotz offensichtlich starker Bindung an die katholische Kirche machen sich auch in Peru immer stärker allerhand Sekten breit. Die angespannte wirtschaftliche Lage der letzten Jahre, die sich insbesondere auf die arme Bevölkerung auswirkt, und geschickt geführte Bekehrungsfeldzüge haben die Zahl der Anhänger rasch wachsen lassen.

Schulsystem

Das peruanische Schulsystem gliedert sich in staatliche, halbstaatliche und private Schulen. Die Grundschule *(primaria)* dauert sechs Jahre, die nachfolgende einheitliche *secundaria* fünf Jahre. Die Schulpflicht kann bis heute noch nicht überall durchgesetzt werden. Viele Kinder müssen nach Abschuss der *primaria* arbeiten. Die Träger und Eselstreiber, die uns in den Bergen begleiten, haben in den seltensten Fällen mehr als sechs bis acht Jahre Schule hinter sich gebracht.

Zumindest vordergründig herrscht in den peruanischen Schulen Disziplin. Schuluniform ist Pflicht und stellt so manche Mutter vor das Problem, alle Kinder mit dem vorgeschriebenen Kleidungsstück auszustatten. Jeden Montag wird vor dem Schulhaus angetreten und die Nationalhymne gesungen. Früher war dies sogar täglich Pflicht. Sonntags kommt in mittleren und großen Städten noch das Hissen des Nationalbanners auf einem zentralen Platz dazu. Der Vorbeimarsch von Schulklassen und die Reden nehmen dann leicht zwei Stunden und mehr in Anspruch. Die Lehrer werden sehr schlecht bezahlt, was sich wiederum auf ihr gesellschaftliches Ansehen und auch auf den Respekt auswirkt, der ihnen seitens der Schüler entgegengebracht wird.

Der Zugang zu den Hochschulen wird über Aufnahmeprüfungen geregelt. Dafür werden hohe Gebühren verlangt. Auch in Peru bietet ein Studium keine Garantie für einen Arbeitsplatz.

Essen und Trinken

Wenig bekannt ist, dass Peru eine der größten Fischfangnationen der Welt ist. Entsprechend vielfältig ist deshalb die Speisekarte. Eines der peruanischen Nationalgerichte ist der in Zitronensaft marinierte Fisch, *ceviche*, der auf jedem Markt erhältlich ist. Traditionelles Gericht im Hochland sind gebratene Meerschweinchen, *cuy*. Der *cuy* wird mit Kartoffeln serviert und mit Reis. Reis ist eines der Grundnahrungsmittel in Peru und hat der heimischen Kartoffel schon längst den Rang abgelaufen. Andere Spezialitäten sind *charki*, in Streifen geschnittenes und im Freien getrocknetes Schweinefleisch, *chocho*, Bohnen als Salat serviert (auch auf jedem Markt erhältlich) oder *llunca*, ein Eintopf mit Hammelläufen und Hähnchenschlegel. International bekannt ist der Pisco, ein Weintraubenschnaps, als Grundlage für den Cocktail Pisco sour.

Outdoor-Aktivitäten

Bergsteigen

Die verschiedenen Alpenvereinsexpeditionen der Dreißigerjahre des vergangenen Jahrhunderts haben die Cordillera Blanca als Bergsteigergebiet bekannt gemacht. Den damaligen Expeditionen gelang die Erstbesteigung der wichtigsten Gipfel dieses Gebirges. Auch heute zieht es die meisten Bergsteiger in das höchste Gebirge der Tropen – dabei sind die Favoriten eindeutig: der Huascarán (6768 m), seines Zeichens höchster Berg Perus und höchster Berg der Tropen, der Alpamayo (5947 m), der »schönste« Berg der Welt, sowie der Nevado Pisco (5752 m), der keine größeren technischen Anforderungen stellt.

Baden

Peru hat 2200 km Küstenlinie. Der Humboldtstrom sorgt für kaltes Wasser, die Sonne brennt allerdings wegen der Äquatornähe fast senkrecht herunter. Die besten Strände sind im Norden des Landes in der Nähe von Ecuador sowie südlich von Lima. Sonnenschutz nicht vergessen!

Surfen

Schon die Beach Boys wussten, dass Peru einen hervorragenden Küstenbereich zum Surfen hat. Die Spots liegen entweder südlich der peruanischen Hauptstadt, wie etwa Punta Hermosa oder Punta Rocas, oder im Norden des Landes wie an den Stränden Lobitos, Cabo Blanco und Chicama. Ausrüstung zum Wellenreiten gibt es in Lima im Stadtteil Miraflores.

Die Trekkinggebiete

Von der Laguna Arhuac schweift der Blick über die südliche Cordillera Blanca und die fast unbewohnte Punta.

Nationalparks

Zahlreiche geschützte Gebiete in Peru fallen unter den Begriff »Nationalpark«, wobei es Unterteilungen gibt. Der 1975 geschaffene Nationalpark Huascarán deckt den größten Teil der Cordillera Blanca ab. Die Cordillera Huayhuash wurde Ende 2002 zur »Zona Reservada« erklärt, einer Vorstufe des Nationalparks.

Übersicht über die Trekkingtouren

Die nachfolgende Klassifizierung mag dem Leser eine Hilfestellung bei der Auswahl der Tour sein.

Zur Beschreibung der Trekkingtouren

In den beschriebenen Trekkingtouren beziehen sich die Bezeichnungen rechts oder links (des Flusses/Tals) immer auf die

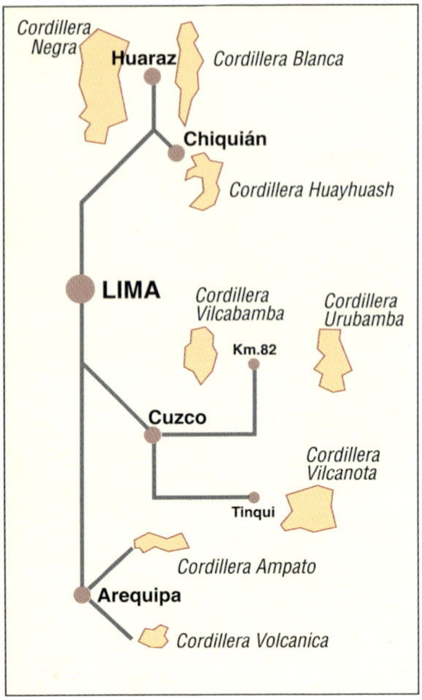

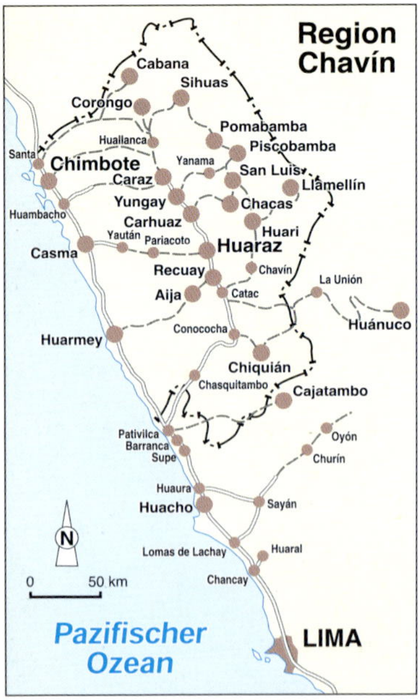

Geh- bzw. Fahrtrichtung. Die Gehzeiten entsprechen etwa der Schrittgeschwindigkeit der Tragtiere. Eine höhenangepasste Person sollte in der Lage sein, ebenso schnell zu gehen. Wer als Bergwanderer unterwegs ist und sein Gepäck selbst trägt, muss vor allem bei Anstiegen erheblich mehr Zeit einkalkulieren.

Schwierigkeiten, Höhendifferenzen

Das Unterscheiden der Trekkingtouren in anspruchsvoll, mittel und leicht beruht auf den subjektiven Bewertungen des Autors, die sich auf verschiedene Größen (Schwierigkeit des Geländes, Wassermangel, häufige Stürme, Möglichkeiten zum Zelten usw.) stützen. Auch für leichte Trekkingtouren ist eine Mindestakklimatisierung notwendig. Anspruchsvolle Trekkingtouren eignen sich nicht für Personen, die noch nie im Gebirge waren. Beachtet werden sollte auch, dass Wegmarkierungen (außer auf dem Inkaweg) nur ganz selten vorhanden sind.

Als Zelt- oder Lagerplatz wird ein Ort bezeichnet, der sich zum Campieren eignet. Es handelt sich in den meisten Fällen um eine kleine Ebene mit Frischwasser in der Nähe. In keinem Fall gibt es dort etwas zu kaufen oder zu mieten; sanitäre Einrichtungen sind bis auf wenige Ausnahmen (Inkaweg) nicht vorhanden. Tagesetappen sind nur Vorschläge, um die zum Teil großen Höhendifferenzen vernünftig zu verteilen; da es keine Hütten gibt, wird der Übernachtungsplatz oft nach ganz anderen Kriterien ausgewählt.

Die Highlights (bieten die spektakulärsten Ziele)

Gebirge	Bezeichnung der Trekkingtour	Tour-Nummer
Cord. Blanca	Cashapampa – Llanganuco	4
Cord. Blanca	Quebrada Ishinca	10
Cord. Vilcabamba	Inkaweg nach Machu Picchu	20

Die großen Rundtouren (mehrtägig und anspruchsvoll; zu Höhepunkten der peruanischen Bergwelt)

Gebirge	Bezeichnung der Trekkingtour	Tour-Nummer
Cord. Blanca	Alpamayo-Rundtouren	2,3
Cord. Huayhuash	Huayhuash-Rundtouren	16,17
Cord. Vilcanota	Vilcanota-Rundtour	22

Die Touren mit Abenteuer (Flexibilität und Trekkingerfahrung sind Voraussetzung)

Gebirge	Bezeichnung der Trekkingtour	Tour-Nummer
Cord. Blanca	Die Pachma-Variante	1
Cord. Blanca	Ulta – Alpamayo	5
Cord. Blanca	Vicos – Conchucos – Chavín – Olleros	8
Cord. Ampato	Zum Opferberg Ampato	24

Die Besonderen (kaum jemand kennt sie – dabei haben sie viel zu bieten)

Gebirge	Bezeichnung der Trekkingtour	Tour-Nummer
Cord. Blanca	Chancos – Llanganuco	6
Cord. Blanca	Durch das Honda- und das Ulta-Tal	7
Cord. Blanca	Akilpo- und Nebentäler des Honda-Tals	9
Cord. Blanca	Olleros – Chavín – Catac	13
Cord. Volcánica	Um den Misti nach Chihuata	23

Die Supertour (für diejenigen, die mehr als einmal nach Peru kommen)

Gebirge	Bezeichnung der Trekkingtour	Tour-Nummer
Cord. Blanca	Gesamtumrundung	14

Die beliebten Kurztouren (leichte bis mittlere Eintagestouren)

Gebirge	Bezeichnung der Trekkingtour	Tour-Nummer
Cord. Blanca	Huaraz-Touren (Monterrey/Arhuac/Churup)	11
Cord. Vilcabamba	Tambo Machay – Pisac	18
Cord. Vilcabamba	San Jerónimo – Señor de Huanca	19

Für archäologisch Interessierte (Wilcahuain, Chavín, Cuzco, Machu Picchu)

Gebirge	Bezeichnung der Trekkingtour	Tour-Nummer
Cord. Blanca	Huaraz-Touren (Monterrey/Arhuac)	11
Cord. Blanca	Olleros – Chavín – Catac	13
Cord. Vilcabamba	Tambo Machay – Pisac	18
Cord. Vilcabamba	Inkaweg nach Machu Picchu	20

TREKKING GUIDE
DIE SCHÖNSTEN TOUREN

1 Die Pachma-Variante

Die Königstour der Cordillera Blanca: Pachma Bajo – Quitaracsa – Alpamayo-Tal – Cashapampa

anspruchsvoll	53 km	6 Tage			

▶ **Tourencharakter:** Aufgrund der geographischen Gegebenheiten der nördlichen Cordillera Blanca eine der schwierigsten und steilsten Trekkingtouren. Nur für trittsichere, schwindelfreie und ausdauernde Trekker in Kleingruppen geeignet.
▶ **Beste Jahreszeit:** Mai bis Mitte September.
▶ **Ausgangspunkt:** Pachma Bajo.
▶ **Endpunkt:** Cashapampa.
▶ **Landkarte:** Alpenvereinskarte 0/3a Cord. Blanca-Nord oder IGN-Karte 18-h, Corongo.
▶ **Verkehrsanbindung:** Gute Verbindungen zwischen Huaraz und Caraz; ebenso von Caraz nach Yuracmarca tagsüber zahlreiche Verbindungen. Auf der Strecke von Yuracmarca nach Pachma Bajo dann fast kein Verkehr. Ein *expreso* Huaraz – Pachma Bajo kostet zwischen 30 und 60 US-Dollar, je nach Gepäck, Personenzahl und Verhandlungsgeschick.
▶ **Unterkünfte***:* Übernachtungsmöglichkeiten in Yuracmarca und Cashapampa (einfach).
▶ **1.Tag:** Pachma Bajo – Pachma Alto
▶ **2. Tag:** Pachma Alto – Puente
▶ **3. Tag:** Puente – Quitaracsa (Jancapampa)
▶ **4. Tag:** Quitaracsa (Jancapampa) – Alpamayo
▶ **5. Tag:** Alpamayo – Huishcash
▶ **6. Tag:** Huishcash – Cashapampa

Schon der Blick auf die Landkarte birgt Überraschendes. Der Weg der ersten Tagesetappe führt auf der Karte durch parallel und in fast gleichem Abstand liegende Schichtlinien von 1900 m auf 3400 m. Eine gewaltige geneigte Wand, wie sie nur selten zu finden ist, wird hier durchschritten. Beim ersten Pass blickt man direkt auf den Talboden, der 2650 Höhenmeter unter einem liegt. Und vom nicht weit entfernten Berg Champará werden auf 12 Kilometer Luftlinie gar 4650 Höhenmeter Unterschied zwischen Gipfel und Talboden erreicht. Im weiteren Verlauf

Tagesetappen	Gehzeit	Entfernung	Anstieg	Abstieg
1. Pachma Bajo (1900 m) – Pachma Alto (3400 m)	5 Std.	5 km	1500 m	–
2. Pachma Alto (3400 m) – Puente (2550 m)	5 Std.	6,5 km	450 m	1300 m
3. Puente (2550 m) – Quitaracsa (Jancapampa) (3600 m)	6.30 Std.	9,5 km	1050 m	–
4. Quitaracsa (Jancapampa) (3600 m) – Alpamayo (3900 m)	8.30 Std.	10,5 km	1050 m	750 m
5. Alpamayo (3900 m) – Huishcash (4375 m)	7.30 Std.	7,5 km	1125 m	650 m
6. Huishcash (4375 m) – Cashapampa (2900 m)	6.30 Std.	14 km	100 m	1575 m
Total:			**5275 m**	**4275 m**

der Tour werden noch vier Pässe überschritten, die alle weit über 4000 Meter hoch sind. Eine schwere, aber hochinteressante Variante für den Weg ins Alpamayo-Tal.

Anfahrt

Wir haben als Abfahrtstermin 5.00 Uhr in der Frühe abgemacht; wir, das sind meine beiden Begleiter Fidencio und Martín sowie Hernán, seines Zeichens Eigentümer und Fahrer eines Pritschenwagens. Auf dieses Gefährt wollen wir die beiden Tragtiere laden, da wir nicht wissen, ob an unserem Ausgangspunkt in Pachma Bajo jemand Esel vermietet. Ich sitze 20 Minuten vor der Zeit in der Eingangshalle eines Hauses im Stadtteil Belén. Kurz vor 5.00 Uhr sind die Geräusche des herannahenden Wagens zu hören. Ich öffne die Tür und sehe, dass Hernán und Martín gleichzeitig angekommen sind. Wo aber bleibt Fidencio? Wir beginnen schon einmal mit dem Beladen des Autos. Fidencio, sonst die Zuverlässigkeit in Person, erscheint nicht. Mein sorgsam ausgeklügelter Zeitplan scheint schon in der ersten halben Stunde Makulatur zu werden. Wir fahren los und treffen Fidencio, wie vermutet, auf seiner Route in der Stadt.
Weiter unten im Santa-Tal, in der Stadt **Caraz** machen wir Frühstückspause, mein erster Ärger über die Verzögerung ist ver-

raucht. Wir müssen uns eben beim Anstieg etwas beeilen. Schließlich will ich bis Sonnenuntergang in Pachma Alto sein.
Zügig kommen wir dann auch durch die **Entenschlucht** voran. Die Tunnel, die eine deutsche Baufirma in den Dreißigerjahren des vergangenen Jahrhunderts für die geplante Verlängerung der Eisenbahnstrecke (die damals bis Huallanca reichte) gebaut hatte, dienen heute dem Fahrzeugverkehr. Die Baufirma gibt es heute nicht mehr; dafür arbeitet die internationale Konkurrenz an weitsichtigen Projekten. Im engen Tal der Entenschlucht werden zwei große Wasserreservoirs gebaut. Der Grund ist einleuchtend. Das Kraftwerk in Huallanca benötigt ganzjährig eine gleichbleibende Menge Wasser. Durch den Klimawandel und den extremen Rückgang der Gletscher in der Cordillera Blanca in den letzten Jahrzehnten (ca. 30 Meter pro Jahr), ist damit zu rechnen, dass die dezimierten Gletscher eines Tages in der Trockenzeit nicht genügend Wasser liefern. Das benötigte Wasser muss dann zum Teil bereits in der Regenzeit zurückgehalten werden.
Die asphaltierte Straße ist jetzt zu Ende; wir befinden uns auf der Staubpiste bei der Brücke Gibraltar bereits auf der rechten Flussseite. Es ist nicht mehr weit bis zum Städtchen **Yuracmarca**, bekannt durch eine Vielzahl von Obstständen und durch seine Schranke in der Ortsmitte, an der alle Fahrzeuge kontrolliert werden. Meine drei Begleiter machen sich auf den Weg in die Polizeistation; ich bleibe vorläufig mal beim Auto. Nachdem sich nichts tut und man im Hintergrund nur die laute Stimme eines Polizisten hört, mache ich mich selbst auf den Weg. In der kleinen Polizeistation sehe ich den Chef der Station zusammen mit einem Adjutanten, der untätig vor seiner Schreibmaschine sitzt. »Eigentlich sollten meine Begleiter die Papiere in Ordnung haben«, denke ich. Aber es geht nicht um sie, sondern um die Esel. Mit weit ausladenden Gesten versucht uns der Chef klar zu machen, dass es nicht genügt, einen Eigentumsnachweis für die Esel zu haben, sondern diese müssten eindeutig identifizierbar sein. »Leider können sie ihren Namen noch nicht sagen«, denke ich mir, lasse es aber bleiben, mich derart zu äußern. Was tun? Ich kenne den Polizisten, der sich hier aufspielt. Vor ein paar Wochen war ich hier auf der Rückkehr von El Mirador vorbeigekommen. In der Dunkelheit hatte ich gegenüber der Polizeistation auf eine Transportgelegenheit nach Caraz gewartet. Er

1

hatte mich damals in Ruhe gelassen, weil er auch nach Caraz wollte und saß schließlich mit mir im selben Fahrzeug. Der Fahrer, der mich mitnahm, war damals außer sich vor Zorn, dass er den Polizeichef umsonst nach Caraz fahren musste. Ein schwieriger Zeitgenosse, nicht nur deswegen. Soll ich ihn an die damalige Begegnung erinnern?

Ein Überlandbus in der »Entenschlucht«. An manchen Stellen ist zur Weiterfahrt Zentimeterarbeit notwendig.

Nein, ich muss schleunigst eine Lösung finden. Martín, eigentlich die Ruhe selbst, ist schon wütend ob dieser übertriebenen Forderung geworden und protestiert laut. Zahlen wollen wir natürlich nichts, und deshalb schlage ich dem Chef vor, dass wir unsere Tiere bei der nächsten Tour eindeutig identifizieren werden und bitte ihn, uns doch des Weges ziehen zu lassen. Etwas unfein werden wir daraufhin aus der Polizeistation geworfen, aber zumindest ist der Zwangsaufenthalt in Yuracmarca beendet.
Es geht jetzt in Serpentinen den Hang hinauf Richtung Corongo, und bald entdecken wir auch die Abzweigung nach Pachma Bajo. Als wir an der Abzweigung ankommen, sehen wir, dass in der ersten Kurve danach die Fahrstraße verschüttet ist.

Der Wegverlauf

1. Tag: Hinauf nach Pachma Alto

Es ist 11 Uhr vormittags und das Abladen der Ausrüstungsgegenstände sowie das Beladen der Tragtiere dauert eine halbe Stunde. Hernán hat sich schon verabschiedet, als sich unsere kleine Karawane in der Hitze dieser Wüstenlandschaft nach Süden bewegt. Dass die Wüste sehr fruchtbar sein kann, wenn sie bewässert wird, sehen wir nach einer Stunde, als wir unseren Ausgangspunkt **Pachma Bajo** erreichen. In dem kleinen Ort mit den großen Mais- und Weizenfeldern ist aber niemand zu sehen, nur aus der Dorfschule sind Stimmen zu hören. Eine einzige Frau ist unterwegs. Wir fragen sie, wie lange man bis Pachma Alto braucht. Sie wiegt den Kopf und meint, bis Sonnenuntergang könnten wir oben sein. Etwas hinter dem Ort an einer der wenigen schattigen Stellen machen wir noch eine kurze Pause. Jetzt beginnt der steile Anstieg.

1

Kaum sind wir unterwegs, sehen wir schon eine Eselkarawane, die sich bergab bewegt. Es ist Erntezeit, und die Tragtiere sind im Dauereinsatz. Es war also richtig, dass wir unsere eigenen Tragtiere mitgebracht haben. Bis Pachma Alto hätte man uns sicherlich Esel vermietet, aber weiter nicht.

Über Stunden geht es jetzt den Hang hinauf, und bald liegt der Talboden tief unter uns. Nach oben geblickt sieht es genauso steil aus. Wo soll denn da eine Ansiedlung hinpassen?

Gewaltig ist die Wand, die auf dem Weg nach Pachma Alto durchschritten werden muss.

Als wir dann schließlich in **Pachma Alto** ankommen, sehen wir, dass es hier wirklich fast kein ebenes Fleckchen Erde gibt, das sich zum Zelten eignet. Ich meine, eine brauchbare Stelle entdeckt zu haben, aber als wir dort sind, sehen wir uns betreten an. Der Platz reicht nicht einmal für *ein* Zelt. Die Dorfbewohner, die uns freundlich begrüßt haben, bieten uns den *arenal* an, eine kleine ebene Fläche, die für Tragtiere reserviert ist. Notgedrungen müssen wir hier übernachten. Mit Stroh und Gras decken wir den Boden ab, soweit es geht. Da wir von mindestens einem Dutzend Dorfbewohner beobachtet werden, müssen wir noch etwas Besonderes bieten. In Rekordzeit stellen wir unsere beiden Kuppelzelte auf. Es ist auch Zeit. Die Dämmerung hat schon eingesetzt. Unser erstes Ziel, vor Einbruch der Dunkelheit hier einzutreffen, haben wir trotz einiger Widrigkeiten erreicht.

2. Tag: Im Tal des Río Quitaracsa

Lautes Rufen lässt uns am nächsten Morgen nicht lange in den Zelten verweilen. Die Dorfbewohner machen sich bereit, um auf die Felder zu gehen. Manch einer setzt sich auf den Esel und lässt sich bergan tragen. Wir brechen bald auf und merken nach dem ersten Anstieg, dass die Steilheit des Geländes nachlässt. Hier oben ist wahrhaft ein Garten Eden. Weizen- und Gerstenfelder sowie Kartoffeläcker wechseln sich ab. Das Ganze geht nur mit dem kunstvollen Bewässerungssystem aus der Vor-Inkazeit. Dieses führt das Wasser von der anderen Bergseite heran.

Am Pass machten wir unsere verdiente Pause. Auf der einen Seite sehen wir über 2600 Höhenmeter den »Abgrund« hinunter ins Tal des Río Santa, auf der anderen Seite geht es ebenso steil hinunter ins Tal des Río Quitaracsa. Wir beginnen den Abstieg, und nach einer Stunde erreichen wir eine kleine Ebene. Dort geht es weiter steil bergab zur Brücke über den Fluss, der aus der Quebrada Champará kommt. Der Weg führt dann weiter hoch über dem Río Quitaracsa entlang und ist eigentlich gut zu begehen – bis er plötzlich nicht mehr da ist. Auf etwa 20 Meter ist der Hang abgerutscht, durch die steile feinsandige Halde führt ein winziger Weg. »Wie sollen wir da hinüberkommen«, denke ich mir. Meine Begleiter sagen nichts, sind sie doch erst einmal damit beschäftigt, den Tragtieren eine zugewachsene, etwa zwei Meter hohe Stufe hinunter zu helfen. Natürlich sind sie auch besorgt, ob ich es auf die andere Seite schaffe. »Wer hier abrutscht, den holt niemand mehr vom Talboden«, denke ich mir. Es gibt aber keine Alternative: entweder rüber oder umkehren. Zusammenreißen und in einem Zug hinüber, kann es hier wohl nur heißen. Ich nehme kurz Schwung, und schon bin ich auf dem Pfad. Mit kurzen Schritten lege ich die ersten Meter zurück, stelle aber zu meinem Erschrecken fest, dass es genau in der Mitte der Strecke einen halben Meter nach unten geht. Das war vorher nicht zu sehen. Ich überwinde das Hindernis, komme aber auf dem sandigen, leicht geneigten Pfad ins Rutschen und kann mich glücklicherweise wieder fangen. Nur noch ein paar Meter und dann ist es geschafft. Puh – ich gehe noch ein paar Meter weiter und muss mich erst einmal hinsetzen. Es dauert eine Weile, dann haben auch meine Begleiter mit den Eseln den Weg geschafft und kommen wohlbehalten auf der anderen Seite an.
Auf dem weiteren Weg zeigt mir Fidencio einige Löcher und meint, dass hier der Hang auch bald abrutschen wird. Ein letztes Mal geht es sehr steil bergab, und dann ist endlich der Talboden des Rio Quitaracsa erreicht. Auf einer Brücke überqueren wir den Fluss, und bei der ersten Ebene errichten wir unser Lager.

3. Tag: Nach Quitaracsa

Der Weg führt auf der rechten Talseite aufwärts und ist mehrfach abgerutscht. Die großen Schwierigkeiten des Vortages haben wir aber nicht mehr. Nach Durchqueren des kleinen Dorfes **Secsi**

1

wechselt der Weg zur linken Talseite, und auch hier haben Regenfälle und Hochwasser dem Weg zugesetzt. Wir sind deshalb froh, als wir endlich **Quitaracsa** erreichen. Am Dorfeingang haben sich die Dorfbewohner versammelt; die Schule hat etwas zu feiern, aber der Lehrer kann seine paradierenden Schüler nicht davon abhalten, den Gleichschritt aufzugeben und uns nachzuschauen. Wir ruhen uns im Ort aus und finden in einem Krämerladen tatsächlich noch drei Getränke. Das Verfallsdatum ist zwar schon abgelaufen, uns schmeckt es aber trotzdem.
Es folgt noch ein steiler Anstieg, und dann dürfen wir uns hoch über dem Dorf Quitaracsa ausruhen. Die Ebene mit Namen **Jancapampa** ist zugleich unser Übernachtungsplatz.

4. Tag: Ins Alpamayo-Tal

Auf dem Weg zum ersten Pass überholen uns einige junge Männer. Wir erfahren, dass sie am gestrigen Tag zur Schulfeier an einem kleinen Fußballturnier teilgenommen haben. Jetzt geht es wieder zurück ins Heimattal. Immerhin ein Fußmarsch von einem Tag.
Ich freue mich derweil schon auf den Alpamayo-Blick. Nach dem zweiten Pass müssen wir aber enttäuscht feststellen, dass der Alpamayo halb in Wolken verhüllt ist. Wir gehen weiter bis zum Boden des Alpaymayo-Tales und bauen unsere Zelte auf. Nun haben die Wolken auch etwas Gutes: In der Nacht wird es nicht so kalt.

Tipp Eine gute Einstimmung auf die Tour vermittelt das Buch von Philipp Borchers: Die Weiße Kordillere (Berlin 1935) über die Alpenvereinsexpedition des Jahres 1932. Diese begann ihre erste Tour ebenfalls in Pachma Bajo. Das Buch ist jedem Trekkinginteressierten zu empfehlen, auch wenn es heute nur noch schwer zu bekommen ist.

5. Tag: An der Westseite der Kordillere

Kurz vor 9.00 Uhr sind wir abmarschbereit. Zwei Pässe sind heute zu überwinden. Wir kommen zügig voran, und können uns nach dem zweiten Pass eine extra Pause gönnen. Das Wasser des **Cullicocha-Sees** besticht wie immer durch seinen Blauton. Der Wasserspiegel liegt etwas höher; die kleine Insel, auf der wir früher campiert haben, ist jetzt nicht mehr erreichbar. Aber wir wollen so und so noch etwas weiter und gehen deshalb den letzten Teil unserer Tagestour an. Der Weg hoch über dem Azulcocha ist nicht mehr so gefährlich wie zu früheren Zeiten. Trotz-

1

dem muss man hier noch aufpassen. Bald ist aber der Lagerplatz **Huishcash** erreicht. Mit den letzten Sonnenstrahlen genießen wir den Blick auf die Cordillera Negra.

6. Tag: Endpunkt Cashapampa

Es war eine kalte Nacht. Unsere Zelte sind vereist, als wir aufstehen und unsere Sachen zusammenpacken. Der Weg führt in vielen Zickzacklinien den Hang hinunter nach **Hualcayán**. Auch hier hat sich viel getan. Aus ein paar Häusern ist ein ganzes Dorf geworden. Eine kleine Straße führt von dort hinunter zur Hauptstraße ins Santa-Tal. Wir schauen uns um – es ist aber weit und breit kein Fahrzeug zu finden, das wir anmieten könnten. Aber wir wollten ja sowieso nach Cashapampa. Also nehmen wir den letzten Teil der Strecke in Angriff. Bei **Huancarhuas** doch noch eine Überraschung: Straßensperre. Protest gegen einen untätigen Bürgermeister, wie ich erfahre. Man behelligt mich nicht. »Hoffentlich dürfen meine Begleiter, die etwas hinter mir geblieben sind, durch«, denke ich mir. Ich gehe schon etwas den Anstieg nach Cashapampa hinauf. Von dort beobachte ich, wie sich meine Begleiter der Straßensperre nähern. Auch sie werden durchgelassen. Nicht immer hat man so viel Glück!

Mit den letzten Sonnenstrahlen über der Cordillera Negra erreichen wir den Lagerplatz Huishcash.

Ich genieße die letzten Meter auf dem Weg nach **Cashapampa**. Beim Zusammentreffen mit dem Weg aus der Quebrada Santa Cruz treffe ich dann auf Touristen und *arrieros*, mit denen ich mich vor Beginn der Tour schon in Huaraz unterhalten habe. Man freut sich dort über die Rückkehr vom Alpamayo aus anderer Richtung. Wo wir denn gewesen seien? »Auf der Pachma-Variante«, sage ich. Obwohl die Tour schon vor 70 Jahren beschrieben wurde, kennen sie nicht einmal die *arrieros*. Wie auch immer – wir jedenfalls haben sie hinter uns gebracht. Und für uns ist sie die Königstour der Cordillera Blanca!

2 Alpamayo-Rundtour (Quitaracsa)

Zum »schönsten« Berg der Welt: Cashapampa – Alpamayo-Tal – Quitaracsa – Huilca – Cashapampa

anspruchsvoll | 107 km | 8–9 Tage

▶ **Tourencharakter:** Der Alpamayo von seiner schönsten Seite; anspruchsvolle Trekkingtour; tiefblaue Lagunen, schwere Steilpassagen; Grabtürme und Ruinenreste aus Vor-Inkazeit.
▶ **Beste Jahreszeit:** Mai bis Mitte September.
▶ **Ausgangspunkt:** Cashapampa.
▶ **Endpunkt:** Cashapampa.
▶ **Landkarte:** Alpenvereinskarte 0/3a Cord. Blanca-Nord oder IGN-Karte 18-h, Corongo.
▶ **Verkehrsanbindung:** Die Strecke Huaraz – Cashapampa wird von Kleinbussen bedient. Abfahrt in Huaraz an der Brücke über den Quilcay-Fluss *(Avenida Fitzcarrald)*. Von der Markthalle in Caraz fahren dann Pritschenwagen oder Kleinbusse nach Cashapampa. Es gibt keine festen Abfahrtszeiten, normalerweise jedoch im Laufe des Vormittags. Wer es eilig hat, nimmt besser einen *expreso*.
▶ **Unterkünfte***:* In Cashapampa bestehen nur beschränkte Übernachtungsmöglichkeiten. Möglichkeiten zum Zelten sind rar; meistens muss ein Entgelt entrichtet werden. Es ist ratsam, am ersten Trekkingtag frühzeitig in Cashapampa einzutreffen, damit gleich die erste Tagesetappe angegangen werden kann.
▶ **1.Tag:** Cashapampa – Cholín (Hualcayán)
▶ **2. Tag:** Cholín (Hualcayán) – Laguna Cullicocha
▶ **3. Tag:** Laguna Cullicocha – Alpamayo-Tal
▶ **4. Tag:** Alpamayo-Tal – Quitaracsa (Jancapampa)
▶ **5. Tag:** Quitaracsa (Jancapampa) – Huilca
▶ **6. Tag:** Huilca – Alpamayo-Tal (Jancarurish)
▶ **7. Tag:** Alpamayo-Tal (Jancarurish) – Huishcash
▶ **8. Tag:** Huishcash – Cashapampa

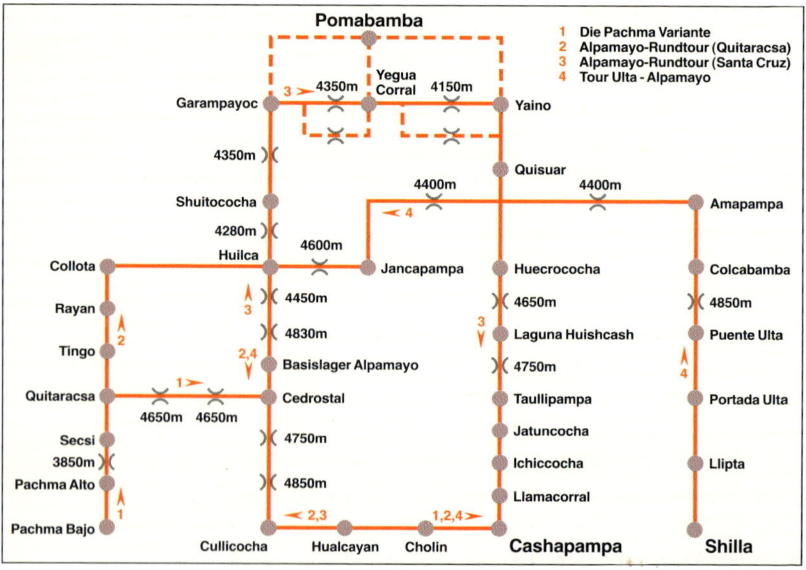

Tagesetappen	Gehzeit	Entfernung	Anstieg	Abstieg
1. Cashapampa (2900 m) – Cholín (Hualcayán) (3150 m)	3 Std.	8,5 km	350 m	100 m
2. Cholín (Hualcayán) (3150 m) – Laguna Cullicocha (4600 m)	4 Std.	8 km	1450 m	–
3. Laguna Cullicocha (4600 m) – Alpamayo-Tal (3950 m)	3 Std.	5,5 km	425 m	1075 m
4. Alpamayo-Tal (3950 m) – Quitaracsa (Jancapampa) (3600 m)	11 Std.	25 km	1000 m	1350 m
5. Quitaracsa (Jancapampa) (3600 m) – Huilca (4050 m)	8 Std.	20 km	800 m	350 m
6. Huilca (4050 m) – Alpamayo-Tal (Laguna Jancarurish) (4250 m)	5 Std.	12,5 km	830 m	630 m
7. Alpamayo-Tal (Laguna Jancarurish) (4250 m) – Huishcash (4375 m)	5–6 Std.	13,5 km	1075 m	950 m
8. Huishcash (4375 m) – Cashapampa (2900 m)	5.30 Std.	14 km	100 m	1575 m
Total:			**6030 m**	**6030 m**

Wie kommt ein Berg in Peru zu dem Prädikat »schönster Berg der Welt«? Es war eine Fotoausstellung in München in den Sechzigerjahren des letzten Jahrhunderts, bei der zur Beantwortung dieser Frage Fotos von Bergen aus der ganzen Welt zur Auswahl standen. Der Alpamayo machte das Rennen!

Doch Vorsicht: Es handelt sich bei dieser Tour zwar um eine »kleine« Variante der nachfolgend beschriebenen Großen Alpamayo-Rundtour. Klein bedeutet aber nicht, dass diese Tour leicht wäre. Im Gegenteil: Sie gehört zu den anspruchsvollsten in der Cordillera Blanca. Hohe Anforderungen stellt das Überqueren von acht Pässen, wobei die beiden ersten bei der Rückkehr noch einmal überquert werden müssen. Zwei Pässe sind über 4600 m, einer über 4700 m und wiederum zwei über 4800 m hoch. Zu bedenken ist, dass das Alpamayo-Tal nur über einen von drei Pässen wieder verlassen werden kann, von denen jeder mindestens 4650 m hoch ist. Ein solcher Anstieg kann für eine Person, die im Alpamayo-Tal höhenkrank geworden ist, verhängnisvolle Folgen haben.

Der Wegverlauf

1. Tag: Einstimmung auf dem Weg nach Cholín

Unsere Tour beginnt in Cashapampa, dem kleinen Ort, der auch Ausgangspunkt für die bekannte Llanganuco-Tour ist. Ich bin in Begleitung zweier erfahrener *arrieros*, Eseltreiber. Zuerst genießen wir es, dass es kurze Zeit bergab geht, nämlich hinunter zu den Thermalquellen **Huancarhuas**. Es ist sehr heiß, denn wir befinden uns in noch nicht einmal 3000 m Höhe. Auf einer staubigen Fahrstraße erreichen wir die Ansiedlung, die denselben

Das beschauliche Dorf Cashapampa ist Ausgangspunkt der Alpamayo-Tour; letzte Möglichkeit für viele Tage, sich mit dem Notwendigsten zu versorgen.

Namen trägt. Danach beginnt der eigentliche Anstieg. Bei der Ansiedlung Cholín besteht die letzte Zeltmöglichkeit vor dem »großen« Anstieg.

2. Tag: Zum Cullicocha-See

Der Anstieg beginnt von der Ebene **Hualcayán**, auf der sich auch einige Ruinenreste befinden. Von dort geht es im Zickzack den Hang hinauf. Während des Anstiegs bietet sich dann ein sehr guter Blick hinunter ins Santa-Tal, auf die Schwarze Kordillere (Cordillera Negra) und in die Entenschlucht (Cañón del pato). Nach vier anstrengenden Stunden ab Cholín wird eine kleine Anhöhe mit Namen Huishcash erreicht, die sich als letzter Zeltplatz vor dem Cullicocha-See eignet.
Weiter im Zickzack den Berg hinaufgehend, erreichen wir eine Steilstelle hoch über dem Azulcocha-See, an der man sich sehr vorsichtig fortbewegen sollte. Am Nordrand des **Cullicocha-See** schließlich schlagen wir unsere Zelte auf.

2

3. Tag: Ins Alpamayo-Tal

Am nächsten Morgen ist der Himmel wolkenfrei. In der Nacht hat es allerdings stark geschneit. Deshalb stapfen wir auf dem Anstieg zum ersten Pass durch tiefen Schnee. Bis zur Mittagszeit hat die Tropensonne einen Teil des Schnees schon wieder weggetaut. Endlich geht es hinunter ins **Alpamayo-Tal**. Kurz vor Erreichen des Talbodens schlagen wir unser Zelt auf einer Grasterrasse auf. Von hier ist der Alpamayo noch nicht zu sehen.

4. Tag: »Alpamayo-Blick« und Weg nach Quitaracsa

Am nächsten Tag folgen wir dem Alpamayo-Tal aufwärts, und nach einer Stunde Gehzeit haben wir den von vielen Trekkern sehnlichst erwarteten Blick auf die formvollendete Eispyramide des Alpamayo vor uns. Ein Anblick, der wirklich atemberaubend ist. Es bietet sich an, an dieser Stelle einen Ruhetag einzulegen.
Wir wollen unsere Tour jedoch gleich weiter nach Norden fortsetzen. Dazu gehen wir am Cedros-Fluss entlang zurück in Richtung unseres letzten Zeltplatzes, bleiben aber am Talboden und überqueren den Fluss auf einer kleinen Holzbrücke zur rechten Seite. In der Nähe einiger Hütten zeugen alte Terrassenanlagen und Ruinen von früherer Besiedlung. Es ist ein steiler und anstrengender Anstieg, der aber in weiten Teilen eine großartige Sicht auf den am Talende liegenden Alpamayo freigibt. Die beiden nachfolgenden Pässe sind stellenweise sehr steil und abschüssig und stellen an Mensch und Tier hohe Anforderungen.
Der Weg bleibt vorläufig hoch am Berg. Erst oberhalb des Örtchens **Quitaracsa**, das tief unten im Tal zu sehen ist, führt er bergab. Wir errichten unser Zelt noch oberhalb des Dorfes auf einer kleinen Anhöhe, die den Namen **Jancapampa** trägt.

5. Tag: Von Jancapampa nach Huilca

Die nächste Tagesetappe ist etwas länger, dafür gibt es keine Pässe zu überwinden. Es ist eine angenehme Wanderung durch das Collota-Tal. Wir folgen einer verfallenen Fahrstraße zum Orientierungspunkt **Huilca**. Vor Erreichen Huilcas, beim Einbiegen in die Quebrada Tayapampa, sieht man wieder den Alpamayo, diesmal von seiner Nordostseite.

Tipp Wer am Nachmittag im Alpamayo-Tal ankommt und den Berg nur in Wolken sieht, braucht nicht zu verzweifeln. In der Trockenzeit klart es nachts oft auf, und am frühen Morgen sind die Berge dann wolkenfrei zu sehen.

2

6. Tag: Zurück ins Alpamayo-Tal

Von Huilca geht es in einer Tagesetappe wieder zurück ins Alpamayo-Tal. Sehr anstrengend auf dieser Tagesetappe ist der Weg durch das Mayobamba-Tal. Hier verliert sich der Weg in Sumpfwiesen und hohem Ichu-Gras. Nach Abstieg zum Talboden folgen wir dem Weg zum so genannten Basislager *(campo base)* Alpamayo. Dieser führt durch die rechte Seite der Moräne der **Laguna Jancarurish**. Hoch über uns und unwirklich nahe ist der Gipfel des Alpamayo zu sehen.

7. – 8. Tag: Zurück nach Cashapampa

Für den Rückweg nach Cashapampa rechnen wir mit zwei Tagen Gehzeit. Nach Passieren der Laguna und dem ersten steilen Abstieg werden beim Orientierungspunkt **Huishcash** die Zelte aufgeschlagen.

Am nächsten Tag geht es zunächst einmal wieder bergab und dann über die Ansiedlungen Hualcayán nach Huancarhuas. Danach erfolgt der Schlussanstieg nach Cashapampa. Wer die deutlich sichtbaren Abkürzungen nimmt, ist relativ schnell oben. Die letzten Meter bis zum Ort werden auf der Fahrstraße zurückgelegt.

In 4600 m Höhe liegt der bezaubernde Cullicocha-See, einer der schönsten Gletscherseen in Peru.

Alpamayo-Rundtour (Santa Cruz)

3

Von allen Seiten faszinierend:
Cashapampa – Alpamayo-Tal – Huilca – Huecrococha – Cashapampa

anspruchsvoll	111,5 km	9 Tage			

▶ **Tourencharakter:** Schwierige Hochgebirgswanderung über zahlreiche Pässe; grandioser Blick auf den Alpamayo; eine Tour von atemberaubender Schönheit.
▶ **Beste Jahreszeit:** Mai bis Mitte September.
▶ **Ausgangspunkt:** Cashapampa.
▶ **Endpunkt:** Cashapampa.
▶ **Landkarte:** Der größte Teil der Tour wird von der IGN-Karte 18-h, Corongo abgedeckt; für den östlichen Teil wird zusätzlich 18-i, Pomabamba benötigt.
▶ **Verkehrsanbindung:** Die asphaltierte Strecke von Huaraz nach Caraz wird von Sonnenaufgang bis Sonnenuntergang mit Kleinbussen bedient. Abfahrt in Huaraz in der *Avenida Fitzcarrald*, an der Brücke über den Quilcay-Fluss. In Caraz Halt in der Nähe des Marktes. Hier können noch fehlende Lebensmittel nachgekauft werden, und dort sucht man sich auch eine Transportmöglichkeit nach Cashapampa.
▶ **Unterkünfte**: Übernachtungsmöglichkeiten in Caraz in der Nähe der *Plaza de Armas*. In Cashapampa bestehen nur beschränkte Übernachtungsmöglichkeiten.
▶ **1.Tag:** Cashapampa – Hualcayán
▶ **2. Tag:** Hualcayán – Laguna Cullicocha
▶ **3. Tag:** Laguna Cullicocha – Alpamayo-Tal
▶ **4. Tag:** Alpamayo-Tal – Huilca
▶ **5. Tag:** Huilca – Jancapampa
▶ **6. Tag:** Jancapampa – Huecrococha
▶ **7. Tag:** Huecrococha – Laguna Huishcash
▶ **8. Tag:** Laguna Huishcash – Taullipampa
▶ **9. Tag:** Taullipampa – Cashapampa

Im Gegensatz zur Kleinen Alpamayo-Rundtour handelt es sich hier um eine komplette Rundtour, d.h., man erreicht Cashapampa auf einem anderen Weg, als man es verlassen hat. Wie bei den beiden vorherigen Touren gilt: Wer nicht schwindelfrei ist oder

Tagesetappen	Gehzeit	Entfernung	Anstieg	Abstieg
1. Cashapampa (2900 m) – Hualcayán (Cholín) (3150 m)	3 Std.	8,5 km	350 m	100 m
2. Hualcayán (Cholín) (3150 m) – Laguna Cullicocha (4600 m)	4 Std.	8 km	1450 m	–
3. Laguna Cullicocha (4600 m) – Alpamayo-Tal (3950 m)	3 Std.	5,5 km	425 m	1075 m
4. Alpamayo-Tal (3950 m) – Huilca (4050 m)	10 Std.	22,5 km	930 m	830 m
5. Huilca (4050 m) – Jancapampa (3550 m)	5–6 Std.	13 km	580 m	1080 m
6. Jancapampa (3550 m) – Huecrococha (3950 m)	7–8 Std.	18 km	850 m	450 m
7. Huecrococha (3950 m) – Laguna Huishcash (4350 m)	3.30 Std.	7,5 km	1100 m	700 m
8. Laguna Huishcash (4350 m) – Taullipampa (4100 m)	2.30 Std.	5 km	400 m	650 m
9. Taullipampa (4100 m) – Cashapampa (2900 m)	10 Std.	23,5 km	–	1200 m
Total:			**6085 m**	**6085 m**

große Höhen nicht verträgt, sollte diese Tour besser nicht unternehmen. Die Trekkingtour ist im Gegensatz zur vorherigen ein bis zwei Tage länger und weist auch mehr Gesamtkilometer auf. Nicht weniger als zehn Pässe werden überschritten. Diese Tour stellt nicht nur hohe Anforderungen an die körperliche Leistungsfähigkeit, sondern auch an die Logistik. Die Verpflegung für neun oder zehn Tage muss mitgeführt werden. Unterwegs besteht so gut wie keine Möglichkeit, Lebensmittel einzukaufen.
Einige Tage befindet man sich außerhalb des Nationalparks Huascarán und östlich der kontinentalen Wasserscheide. Der Alpamayo (5947 m) ist gleich von drei Seiten zu sehen, daneben gibt es hervorragende Aussichtspunkte auf die Berge Santa Cruz, Pucahirca, Taulliraju, Artesonraju und Quitaraju. Hoch über dem Städtchen Pomabamba trifft man auf die Präinkaruinen von Yaino. Der letzte Teil der Tour ist dann identisch mit einem Teil der bekanntesten Trekkingtour in der Cordillera Blanca, der Tour von Llanganuco nach Cashapampa.

Der Wegverlauf

1. Tag: Nach Hualcayán

Die ersten drei Etappen dieser Tour sind identisch mit denen der Tour 2. Sie werden hier noch einmal in Kurzform beschrieben. Ausgangspunkt der Tour ist das kleine Dorf Cashapampa, das direkt am Westabfall der Cordillera Blanca liegt. Kurz vor Erreichen des Ortes ist der **Nevado Santa Cruz** (6259 m) zu sehen. Wegen seiner Form wird er gerne von den Touristen mit dem Alpamayo verwechselt, der von dieser Stelle aus aber noch gar nicht zu sehen ist. Auf der Fahrstraße wird Cashapampa verlassen. Kurz hinter dem Ortsausgang verzweigt sich der Weg – nach rechts geht es in das Santa-Cruz-Tal (Tour 4 Cashapampa – Llanganguco), geradeaus Richtung Alpamayo-Tal. Man folgt dem Weg geradeaus für etwa 15 Minuten und verlässt diesen dann nach rechts. Der Weg verzweigt sich gleich wieder, wobei man sich rechter Hand hält. Dann führt der Weg hoch über dem Tal entlang. Tragtiere nehmen aus Sicherheitsgründen einen anderen Weg. Nach kurzer Gehzeit wird wieder die Fahrstraße erreicht. Jetzt nimmt man die ersichtlichen Abkürzungen hinunter zum Fluss. Dieser ist nach etwa 40 Minuten Gehzeit ab Cashapampa erreicht. Über Hua-

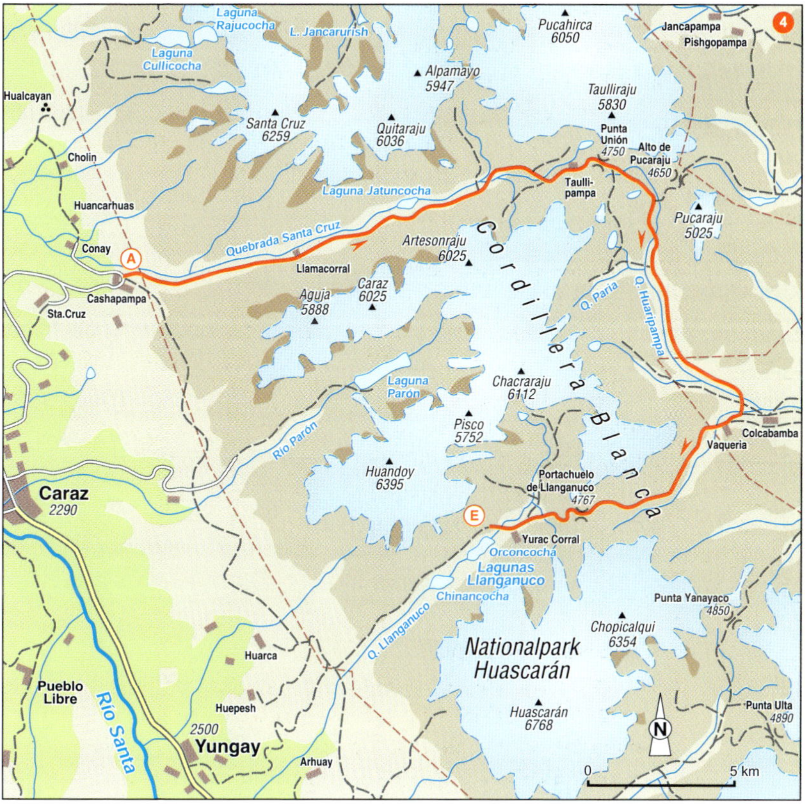

carhuas und **Cholín** kommen wir zu einer kleinen Anhöhe und Ansiedlung mit dem Namen Hualcayán. Dort kann, mit Blick auf den steilen Anstieg des nächsten Tages, gezeltet werden.

2. Tag: Zum Cullicocha-See

Ein Tag, der es in sich hat! Über Stunden geht es in Zickzacklinien den Berg hinauf. Wenigstens entschädigen die guten Aussichten für die Mühen des Anstiegs. Bald erhascht man den ersten Blick über eine vorgelagerte Bergkette zum weiter nördlich liegenden Berg Champará. Kurz darauf zweigt nach rechts ein Pfad zum Yuracocha-See ab. Wir bleiben auf dem Hauptpfad. Eine Steilstelle hoch über dem **Azulcocha** ist noch zu überwinden. Bald darauf ist endlich der Cullicocha-See erreicht.

In Cashapampa werden am frühen Morgen die Tragtiere für die Alpamayo-Tour bepackt.

3. Tag: Ins Alpamayo-Tal

Der Weg ins Alpamayo-Tal beginnt am Ausfluss der Laguna Cullicocha, also an deren Westseite. Der Weg führt zunächst über blank geschliffene Felsen und ist nicht leicht zu finden. Zwei Pässe folgen kurz hintereinander, bevor der steile Abstieg ins Alpamayo-Tal beginnt.

4. Tag: Nach Huilca

Im Talboden angekommen hält man sich rechts, und nach einer Stunde Gehzeit taucht erstmals der **Alpamayo** im Blickfeld auf. Bei den gewaltigen Moränen der Laguna Jancarurish geht der Weg in nordöstliche Richtung zum nächsten Pass (4830 m). Beschwerlich ist dann noch der Weg durch das Mayobamba-Tal, bis man endlich in Huilca eintrifft.

5. Tag: Ins Jancapampa-Tal

Am fünften Etappentag geht es in nordöstlicher Richtung zum nächsten Pass (4280 m). Die beiden Lagunas Shuitococha werden auf der linken Seite passiert, und das Tal wird vor Erreichen der

3

nächsten Laguna durchquert. Der nächste Pass wird **Punta Collota** oder auch Punta Garampayoc genannt und liegt in 4350 m Höhe. Der Passübergang ist durch ein kleines Holzkreuz markiert. Man überschreitet hier die kontinentale Wasserscheide; Bäche und Flüsse fließen jetzt nicht mehr zum Pazifik, sondern zum Atlantik.
Vom Pass geht es steil abwärts. Wer Bergwanderer ist und wem womöglich der Proviant knapp geworden ist, hat jetzt die Möglichkeit, auszusteigen. Dem Yanacollpa-Tal immer abwärts folgend, wird nach einem Tagesmarsch die Stadt **Pomabamba** erreicht. Vor dort gibt es Busverbindungen nach Huaraz (Fahrtzeit einen Tag).
Am Ende der Laguna Garampayoc ist auch schon der Weg zu erkennen, der später an der kleinen Laguna Millpo vorbei zum nächsten Pass führt. Vereinfacht ausgedrückt ist es nach der Laguna Garampayoc das zweite kleine Tal, das nach rechts abgeht. Im Zweifel kann man auch schon den Weg ins erste Tal nehmen. Dort befinden sich einige Hütten, und wenn man freundlich ist, zeigen einem die Bewohner bereitwillig den Weg Richtung **Jancapampa**.
Einmal auf dem richtigen Weg, ist der Pass (4250 m) relativ schnell erreicht. Beim Abstieg gibt es keinen ausgeprägten Weg mehr; es sind Pfade, die manchmal im Acker eines Bauern enden. Nach einem letzten steilen Abstieg ist das Jancapampa-Tal erreicht. Am oberen Ende des Tales, in der Nähe der gewaltigen Eisabbrüche der Nordostseite des **Pucahirca**, ist das Wasser am saubersten. Das Tal ist flussabwärts stärker besiedelt; durch die Viehhaltung im Tal ist es schwierig, einen Zeltplatz mit sauberem Wasser zu finden.

6. Tag: Zu den Ruinen von Yaino

Egal, an welcher Stelle man übernachtet hat, am nächsten Tag muss bei der Dorfschule von Vaquería etwas talabwärts der Fluss auf der dort befindlichen Holzbrücke überschritten werden. Auf diese Weise wird auch der Übergang durch sumpfiges Gelände vermieden. Beim jetzt beginnenden Anstieg gibt es zwei Geh-

Tipp Um die Ruinen zu besichtigen, lässt man Tragtiere und Gepäck am besten am Pass zurück (unter Aufsicht natürlich). Zu den Ruinen und zurück sollte man mit 3 ½ Stunden rechnen, auch wenn die klare Luft glauben macht, die Entfernungen seien kürzer. Wer schwindelfrei und trittsicher ist, kann den schmalen Pfad über den Bergkamm zu den Ruinen gehen. Dort befinden sich Ruinenreste auf den einzelnen Bergkuppen, die vom normalen Weg aus nicht zu sehen sind.

3

möglichkeiten. Der Weg zu den Ruinen von **Yaino** geht nach kurzem Anstieg nach links ab. Nach einem lang gezogenen Anstieg wird der nächste Pass (4150 m) erreicht. Von dort erkennt man in einiger Entfernung die Ruinen von Yaino. Tief unten im Tal liegt das Städtchen Pomabamba, das in etwas mehr als zwei Stunden erreicht werden könnte.

Nach Rückkehr zum Pass erfolgt der Abstieg ins Ingenio-Tal. Dort führt der Weg hoch über dem Tal entlang und biegt später zum idyllisch gelegenen Huecrococha-See ein.

Die andere Route, die nicht zu den Ruinen von Yaino führt (und deshalb etwas kürzer ist), beginnt an der schon erwähnten Dorfschule von Vaquería. Nach Überqueren der Brücke führt der Weg steil ansteigend an einigen Hütten vorbei. Ein guter Orientierungspunkt bleibt das Schulhaus, das auf dem ersten Teil des Anstiegs nicht aus dem direkten Blickfeld verschwindet. Der Abstieg vom Pass (4150 m) ist zunächst weglos, weiter talabwärts wird dann doch noch ein Pfad gefunden. Vor Erreichen des Ingenio-Tales trifft dieser mit dem Weg von Yaino zusammen.

7. Tag: Schwieriger Abstieg vom Alto de Pucaraju

Der Weg zum vorletzten Pass Alto de Pucaraju (4650 m) führt zunächst auf der rechten Seite der **Laguna Huecrococha** entlang. Das Tal beschreibt einen halbkreisförmigen Bogen. Am Talende geht es dann im Zickzack zum Pass hinauf. Während des Anstiegs sieht man unterhalb der Gletscherzunge des **Nevado Taulliraju** eine grünblau schillernde Laguna.

Im Westen zeigt sich auch schon der nächste Passübergang **Punta Unión** (4750) und dahinter der Gipfel des Quitaraju (6036 m). Der nun folgende Abstieg ins Huaripampa-Tal ist vor allem für Tragtiere sehr anstrengend. Zuerst geht es durch Geröllhalden, später verläuft der Weg in einem Bachbett. Es ist eine ziemliche Stolperei bis

Tipp Am Pass zeigt sich manchmal der selten gewordene Kondor. Tief unten im Tal zieht er seine Kreise; ohne einen einzigen Flügelschlag befindet er sich nach kurzer Zeit schon über dem Betrachter, äugt auf diesen kurz herunter und entschwindet Richtung Westen.

3

zum Talboden. Während des Abstiegs hält man Ausschau nach dem Anstieg, der auf den Trekkingpfad Richtung Cashapampa trifft. Wer nach dem schweren Passübergang schon zu müde ist, sucht sich auf dem Talboden eine Zeltgelegenheit. Lästig sind dort nur die vielen schwarzen Fliegen, die vor allem beim Kochen stören. Wer noch Kraft hat, nimmt den steilen Anstieg in Angriff, um bis zur **Laguna Huishcash** zu kommen. Dort bestehen gute Möglichkeiten zum Zelten.

8. und 9. Tag: Rückkehr nach Cashapampa

Die nächste Tagesetappe führt über den Pass Punta Unión de Santa Cruz (4750 m) zum Zeltplatz **Taullipampa**. Von dort geht es immer talabwärts, an den Zeltplätzen Quebrada Arhuaycocha und Jatuncocha vorbei, zum Icchicocha. Wer an diesem See übernachtet und am nächsten Morgen früh losgeht, sollte am späten Vormittag in Cashapampa eintreffen. Von dort gibt es bis Einbruch der Dunkelheit Transportmöglichkeiten nach Caraz.

Nahe des Orientierungspunktes Huilca zeigt sich der Nevado Alpamayo (5947 m) aus einer anderen Perspektive.

4 Cashapampa – Llanganuco

**Spektakuläre Aussichten im Santa-Cruz-Tal:
Cashapampa – Taullipampa – Huaripampa – Vaquería – Yurac Corral**

mittel	55 km	4–5 Tage			

▶ **Tourencharakter:** Beliebte Trekkingtour, die zu den Höhepunkten der Bergwelt der Cordillera Blanca führt; mittelschwere Anstiege; großartige Aussicht.
▶ **Beste Jahreszeit:** Mai bis Mitte September.
▶ **Ausgangspunkt:** Cashapampa.
▶ **Endpunkt:** Yurac Corral.
▶ **Landkarte:** IGN-Karte 18-h, Corongo und 19-h, Carhuaz.
▶ **Verkehrsanbindung:** Von Huaraz erreicht man Caraz mit den schnellen Kleinbussen des Santa-Tals in etwa 1½ Stunden. Am dortigen Markt fahren die Fahrzeuge nach Cashapampa ab. In Yurac Corral warten während der Trekkingsaison oft Fahrzeuge auf die erschöpften Bergwanderer. Der Fahrpreis ist unbedingt *vor* der Abfahrt auszuhandeln. Ist keine Transportgelegenheit vorhanden, geht man bis zum Ende des unteren Llaganuco-Sees (Chinancocha) und versucht es dort.
▶ **Unterkünfte**: Einfache Übernachtungsmöglichkeiten in Cashapampa.
▶ **1.Tag:** Cashapampa – Ichiccocha
▶ **2. Tag:** Ichiccocha – Taullipampa
▶ **3. Tag:** Taullipampa – Quebrada Pária
▶ **4. Tag:** Quebrada Pária – Pampa Machay
▶ **5. Tag:** Pampa Machay – Llanganuco (Yurac Corral)

Nach dem Inkaweg bei Cuzco ist dies die meistgegangene Trekkingroute in Peru. Immer wieder taucht hierbei die Frage auf, ob man sie besser in Cashapampa oder in Llanganuco beginnen sollte. Cashapampa hat folgenden Vorteil: Der Ort liegt mit 2900 m Höhe genau 1000 m niedriger als der Startpunkt in Llanganuco. Gerade für Personen, die sich noch nicht vollständig akklimatisiert haben, ist es also besser, in Cashapampa zu starten. Der erste Pass (4750 m) wird dann erst am dritten Tag überquert. Von Llanganuco aus hat man schon am ersten Tag den Pass Portachuelo de Llanganuco mit 4767 m vor sich. Vorteilhaft ist in Cashapampa auch, dass ein großes Angebot an Tragtieren besteht. Als Nachteil wäre zu erwähnen, dass die Gesamtanstiege von Cashapampa aus 3170 m betragen, im Gegensatz zu 2170 m von Llanganuco aus. Ansonsten bietet die Tour in den vier bis fünf Tagen einzigartige Ausblicke auf die verschiedensten Berge der Cordillera Blanca, unter anderen Nevado Santa Cruz (6259 m), Quitaraju (6036 m), Alpamayo (5947 m), Taulliraju (5830 m), Artesonraju (6025 m), Chacraraju (6112 m), Chopicalqui (6354 m) sowie die Huascarán-

4

und Huandoy-Gipfel, um nur die wichtigsten zu nennen. Zahlreiche Gletscherseen (Ichiccocha, Jatuncocha, Taullicocha und andere) in den unterschiedlichsten Blau- und Grüntönen bieten auch etwas Beruhigendes fürs Auge.
Wichtig: Auch wenn sich diese Tour großer Beliebtheit erfreut und von vielen Personen begangen wird, so ist auch hier eine vollständige Trekkingausrüstung notwendig. An beiden Pässen (Punta Unión de Santa Cruz, 4750 m, und Portachuelo de Llanganuco, 4767 m) kann es auch während der Trockenzeit zu Schneefällen kommen.

Hinter dem Ort Cashapampa führt der Weg durch eine phantastische Landschaft zur portada, dem Taleingang.

Der Wegverlauf

1. Tag: Recht gemächlich zum Ichiccocha

Von der Ortsmitte des Dorfes Cashapampa folgen wir dem Bewässerungskanal in Richtung *portada* (Taleingang). Dort befindet sich ein Holzgatter, das normalerweise geöffnet ist. Unmittelbar hinter dem Gatter steigt der Weg dann steil an. Angesichts der geringen Höhe und der entsprechend höheren Temperaturen kommen diejenigen schnell ins Schwitzen, die meinen, gleich losrennen zu müssen. Das Tal ist an dieser Stelle noch sehr eng; der Weg verläuft immer auf der rechten Seite. Nach dem ersten Anstieg flacht das Gelände etwas ab; eine Geröllhalde wird durchquert, und das Tal öffnet sich langsam. Der leicht erkennbare Weg führt zu dem Gehöft Llama Corral. Wer jetzt schon müde oder vielleicht zu spät losgegangen ist, sucht sich hier einen Platz zum Zelten (zu den üblichen Zeltplätzen siehe auch die Skizze Seite 52). Ich persönlich gehe noch ein Stück weiter talaufwärts bis zum **Ichiccocha** (Kleiner See). Der Lagerplatz befindet sich etwas oberhalb des Sees; Frischwasser direkt vom Gletscher gibt es auf der rechten Talseite.

Tagesetappen	Gehzeit	Entfernung	Anstieg	Abstieg
1. Cashapampa (2900 m) – Ichiccocha (3850 m)	5 Std.	12,5 km	950 m	-
2. Ichiccocha (3850 m) – Taullipampa (4200 m)	4–5 Std.	11 km	350 m	
3. Taullipampa (4200 m) – Quebrada Pária (3800 m)	3 Std.	8 km	550 m	950 m
4. Quebrada Pária (3800 m) – Pampa Machay (3900 m)	6–7 Std.	15 km	450 m	350 m
5. Pampa Machay (3900 m) – Llanganuco (Yurac Corral) (3900 m)	3–4 Std.	8,5 km	867 m	867 m
Total:			**3167 m**	**2167 m**

4

2. Tag: Vom Ichiccocha zum Zeltplatz Taullipampa

Der Weg führt dann ohne besondere Steigungen zum Großen See (Jatuncocha, oder auf spanisch: Laguna Grande). Ein Geröllfeld wir durchquert, bevor man das obere Ende des Sees erreicht hat. Auch hier gibt es wieder gute Zeltmöglichkeiten. Hoch über der gegenüberliegenden Talseite zeigt sich der schneebedeckte Gipfel des **Quitaraju** (6036 m). Im weiteren Verlauf wird eine Ebene durchquert, die vor allem zu Beginn der Trekkingsaison Probleme bereiten kann. Durch die starken Niederschläge der Regenzeit können noch Teile des Weges überflutet sein. Festes Schuhwerk ist besonders in dieser Jahreszeit angebracht. Während der Saison ist der Weg normalerweise ohne Schwierigkeiten zu finden. Er verläuft etwa in Talmitte. Nicht ratsam ist es, sich einen Weg am rechten Rand des Tales zu suchen. Die Pfade verlieren sich schnell im Gestrüpp und zwischen großen Felsen. Der Weg durch die kaum ansteigende Ebene erfordert wesentlich weniger Kraftaufwand. Am Talende zeigt sich der Nevado Taulliraju (5830 m), auf dessen rechter Seite sich der Passübergang Punta Unión (4750 m) befindet. Am Ende der Ebene wird der Fluss auf einer kleinen Holzbrücke zur linken Seite überquert. Der Weg steigt wieder an, und wenig später wird die Abzweigung zur Quebrada Arhuaycocha erreicht. Das Gelände ist zwar nicht eben, aber zwischen Lupinen und Quenualbäumen lässt sich ganz gut zelten. Hier ergibt sich der erste Blick auf den **Alpamayo** (5947 m). Allerdings ist die Südostseite wenig spektakulär und unterscheidet sich in der Form nur wenig vom links daneben gelegenen Quitaraju (6036 m).

Nach einem etwas steileren Anstieg (wenn man zurückschaut, sieht man Jatuncocha und Quitaraju) wird der Fluss bald darauf zur rechten Seite überquert. Von hier ist es nicht mehr weit bis zum nächsten Zeltplatz, der unter dem Namen **Taullipampa** bekannt ist. Es handelt sich um einen ausgezeichneten und beliebten Platz zum Zelten mit einer großartigen Rundsicht. Es beeindrucken am Talende der gewaltige Taulliraju (5830 m), links davon der Rinrijirca (5810 m), und auf der gegenüberliegenden Talseite der Artesonraju (6025 m).

3./4. Tag: Über die Punta Unión ins Huaripampa-Tal

Hinter dem Zeltplatz Taullipampa beginnt der Schlussanstieg zum ersten Pass, der **Punta Unión**. Der Weg führt im Zickzack aufwärts;

Linke Seite: Der Weg durch das Huaripampa-Tal gibt einen spektakulären Blick auf die Ostseite des Nevado Chacraraju (6112 m und 6001 m) frei.

Besteigung des Nevado Pisco (5752 m)

Der Nevado Pisco wird in Huaraz gerne als leicht zu besteigender Berg verkauft. Manche Touristen meinen dann, sie könnten im Anschluss an eine Trekkingtour noch schnell einen Fünftausender besteigen. Grundsätzlich: Der Gipfel liegt 1000 Meter höher als der Pass Portachuelo de Llanganuco – und die wollen auch erst einmal überwunden sein! Außerdem bleibt festzuhalten, dass für die Besteigung die notwendige Ausrüstung mitgeführt werden muss (Seil, Steigeisen, Pickel und Helm). Bergerfahrung ist Voraussetzung. Der Gletscher selbst stellt sich jedes Jahr anders dar – manchmal voller Spalten, manchmal ohne Schwierigkeiten zu begehen. Aufgrund des Klimawandels ist nur eines sicher: Der Gletscher zieht sich permanent zurück, und jedes Jahr muss man die Steigeisen erst ein Stück weiter oben anlegen.

Von **Cebollapampa** führt ein gut begehbarer Pfad in westliche Richtung zum Basislager Pisco. Nach dem ersten steilen Anstieg folgt ein flacheres Teilstück. Nach Überwinden des Anstiegs linker Hand eines Wasserfalls wird eine kleine Ebene erreicht, die allgemein als Basislager für den Anstieg zum Nevado Pisco und auch zum Ostgipfel des Huandoy (6070 m) dient. Dort befindet sich auch eine Schutzhütte *(refugio)*.

Normalerweise wird schon vor Sonnenaufgang mit dem Anstieg Richtung Gipfel begonnen. In diesem Fall sollte noch eine Stirnlampe mitgeführt werden. Der Weg führt zunächst steil die Seitenmoräne des Huandoy-Blockgletschers hinauf. Oben angekommen, folgt ein etwa 15 Meter steiler Abstieg hinunter zum Blockgletscher. Je nach den vorherrschenden Bedingungen muss hier eventuell schon ein Seil zum Abstieg benutzt werden. Es folgt die schwierige Durchquerung des Geröllfeldes des Huandoygletschers. Da sich der Zustand des Gletschertales ständig ändert, helfen auch die aufgestellten Steinmännchen nicht viel weiter. Der gegenwärtige Weg kann ganz woanders verlaufen. Ist man schließlich auf der anderen Seite des Blockgletschers angelangt, sollte auf dem dunkleren Gestein bald ein Weg zu finden sein. Vorsicht, hier besteht Steinschlaggefahr!

Der kleine Weg führt direkt zum Einstieg auf den Gletscher des Nevado Pisco. Wer Glück hat, findet schon eine Spur, der man hinauf zum Sattel nachgehen kann. Es folgt der etwas steilere Schlussanstieg zum Gipfel des Nevado Pisco (5752 m).

unterhalb des Taulliraju erkennen wir den Gletschersee Taullicocha. Der Pass Punta Unión de Santa Cruz liegt in 4750 m Höhe. Die Rundumsicht auf das Santa-Cruz-Tal und die umliegenden Berge ist überwältigend. In der Talmitte leuchtet der Jatuncocha-See, und hinter dem Talausgang zeigt sich die Schwarze Kordillere. Auf der linken Talseite beeindruckt der Artesonraju (6025 m), auf der rechten Talseite sind es die Berge Santa Cruz (6259 m) und Quitaraju (6025 m). Auf jeden Fall sollte an dieser Stelle einige Zeit verweilt werden, um das großartige Panorama zu genießen.

Vorsicht: Der Abstieg ins Huaripampa-Tal auf der anderen Seite des Passes führt zunächst über blank geschliffene Felsen. Nach Schneefällen und am frühen Morgen, wenn die dünne Eisschicht noch nicht geschmolzen ist, ist absolute Vorsicht geboten. Man hält sich an den durch Steinmänner markierten Weg, besonders

bei Schneefall oder bei Nebel. Vom Weg aus ist nämlich nicht zu erkennen, dass einige Felsränder senkrecht abfallen.
Von oben ist schon die Laguna Huishcash zu sehen. Diese eignet sich als Lagerplatz; es ist hier aber wegen der Höhe nachts sehr kalt. Im weiteren Verlauf des Abstiegs ergeben sich noch zahlreiche andere Zeltmöglichkeiten. Es ist eine abwechslungsreiche Wanderung durch eine großartige Landschaft.
Im unteren Teil des Tales passieren wir zwei Holzgatter. Das Tal ist jetzt besiedelt und wird landwirtschaftlich genutzt. Auf der rechten Talseite zeigt sich noch einmal der wilde Ostgipfel des Chacraraju (6001 m). Nach Erreichen der Ansiedlung **Huaripampa** führt der Weg wieder bergauf. Der nächste geeignete Zeltplatz ist am Orientierungspunkt Vaquería, und zwar vor der Brücke auf der rechten Seite der Straße, zwischen einigen verfallenen Häusern.

5. Tag: Anstieg zur Portachuelo de Llanganuco

Im weiteren Verlauf der Trekkingtour wird zunächst die Fahrstraße benutzt, diese wird aber bald nach rechts verlassen. Es folgt ein steiniger, teilweise von kleinen Bächen überfluteter Anstieg. Zahlreiche Quenualbäume spenden Schatten. An einem kleinen Wasserfall vorbei erreichen wir die nächste Ebene. Am Talende lässt sich jetzt schon der Passübergang erahnen. Wir spüren die Höhe, doch wir haben das Ziel immer vor Augen. An den hoch gelegenen Morococha-Seen bietet sich letztmals vor dem Pass die Möglichkeit zum Zelten. Schließlich erreichen wir den höchsten Punkt der Trekkingtour, die **Portachuelo de Llanganuco** (4767 m). Zur Linken zeigt sich der höchste Berg Perus, der Huascarán, mit seinen beiden Gipfeln (Südgipfel 6768 m, Nordgipfel 6655 m), auf der rechten Seite die Huandoy-Gruppe, daneben der viel bestiegene Nevado Pisco (5752 m), und noch etwas weiter auf der rechten Seite die beiden Gipfel des Chacraraju (6112 m und 6001 m).
Hinunter zu den Llanganuco-Seen folgt man nicht der Straße, sondern

4

Rechte Seite: Vom Gipfel des Nevado Pisco (5752 m) ergibt sich ein grandioser Blick auf den dahinterliegenden Nevado Chacraraju.

benützt den Weg, der nach links abgeht. Er führt zuerst ein paar Meter bergauf; danach steigt er steil hinab ins Tal. Auf der Höhe des ehemaligen Militärpostens Huishcash (von dem noch die Grundmauern stehen) wird die Straße für kurze Zeit wieder erreicht. Der erste geeignete Zeltplatz ist in Höhe der Brücke, die den vom Nevado Chopicalqui kommenden Fluss überquert. Bis zum Zeltplatz Yurac Corral am oberen Ende der Llanganuco-Seen ist es jetzt noch eine halbe Stunde Gehzeit. Der Zeltplatz markiert das Ende der Tour.

Abstecher: In die Quebrada Demanda

In Llanganuco bietet sich ein Abstecher in die Quebrada Demanda an. Vor Erreichen von Yurac Corral führt der Weg nach rechts zu einer kleinen Ebene mit schattigen Bäumen. Diese ist unter dem Namen **Cebollapampa** bekannt. Der Weg zur unterhalb des Chacraraju liegenden Laguna 69 folgt dem Fluss (in Gehrichtung) auf der rechten Seite aufwärts. Zurückblickend zeigt sich schon bald der Südgipfel des Huascarán (6768 m). Der Weg zur **Laguna 69** führt jetzt in östliche Richtung und schließlich im Zickzack den Hang hinauf. Der Südgipfel des Nevado Huandoy (6160 m) und der Nevado Pisco (5752 m) kommen in Sicht. Beherrschend bleibt aber der gewaltige Nevado Chacraraju. Der Weg schwenkt schließlich in Richtung dieses Berges; bald darauf erreicht man einen kleinen See. Von dieser kleinen Anhöhe ergibt sich ein großartiges Gesamtpanorama auf die Eisberge der Cordillera Blanca.

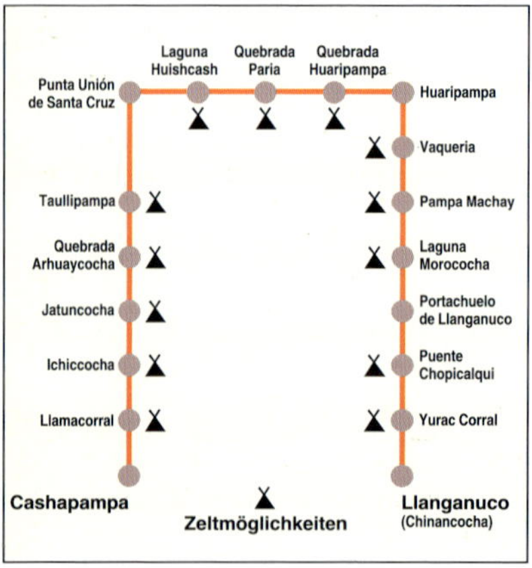

Geradeaus geht es steil hinauf zur Laguna 69. Nach rechts führt ein Weg zur Cabana (Hütte) Glaciar Broggi. Diese Schutzhütte ist auf einem gut zu findenden Weg in etwa 45 Minuten Gehzeit zu erreichen. Sie ist wie die meisten Hütten im Bereich der Cordillera Blanca zerstört. Auf älteren Karten ist ein Übergang nach Osten (Huaripampa) eingezeichnet. Dieser führt aber über einen Gletscher bzw. Fels und ist nur mit der entsprechenden Ausrüstung (Seil, Pickel, Steigeisen) zu bewältigen.

Die Tour in umgekehrter Richtung (Llanganuco – Cashapampa)

Anfahrt: In Huaraz nimmt man einen der vielen Kleinbusse, die das Santa-Tal abwärts fahren. In **Yungay** warten an der dortigen *Plaza de Armas* meist schon einige Fahrer mit den unterschiedlichsten Transportmitteln, die nach Llanganuco (unteres Ende des Chinancocha) fahren. Gegen Aufpreis fahren sie auch noch weiter bis nach **Yurac Corral**. Der Fahrpreis ist vor der Abfahrt auszuhandeln. Wer viel Zeit hat und wenig Geld ausgeben will, kann auf einen der Lkws warten, die in unregelmäßigen Abständen Richtung Yanama fahren.

Tragtiere: Tragtiere sind in Yurac Corral nicht zu bekommen, es sei denn, eine Trekkinggruppe aus Cashapampa beendet gerade ihre Tour. Wer sicher gehen will, besorgt sich die Tiere in Huashao, einem kleinen Ort an der Straße zwischen Yungay und Llanganuco.

Etappen: Die erste Tagesetappe beinhaltet den steilen Anstieg zum Pass Portachuelo de Llanganuco (4767 m). Über einen steinigen Wirtschaftsweg geht es von dort hinunter zum ersten Lagerplatz **Pampa Machay**. Am zweiten Tag geht es weiter bergab, bis die kleine Ansiedlung Huaripampa erreicht wird. Von dort steigt der Weg ins Huaripampa-Tal an. In Höhe des Paria-Tals wird das zweite Nachtlager errichtet. Der dritte Tag beginnt mit dem Schlussanstieg zum Pass Punta Unión de Santa Cruz (4750 m). Von dort folgt der steile Abstieg zum wunderschön gelegenen Lagerplatz Taullipampa. Die letzten beiden Tage geht es dann nur noch bergab. Über Jatuncocha und Ichiccocha (vierte Nächtigung) sowie das Gehöft **Llama Corral** wird nach einem langen Schlussabstieg das Dorf Cashapampa erreicht. Dort angekommen genießen wir wieder die Segnungen der Zivilisation. Von Cashapampa bestehen erfahrungsgemäß bis Einbruch der Dunkelheit Transportmöglichkeiten nach Caraz.

5 Ulta – Alpamayo

Hier sind Orientierung und Pfadfindertum gefragt: Shilla – Huecrococha – Huilca – Alpamayo-Tal – Cashapampa

anspruchsvoll	119,5 km	9 Tage

▶ **Tourencharakter:** Eine anspruchsvolle Tour; große Höhendifferenzen; teilweise schwierige Orientierung. Die Ostseite der Cordillera Blanca und »Alpamayo-Blick«.
▶ **Ausgangspunkt:** Shilla.
▶ **Endpunkt:** Cashapampa.
▶ **Landkarte:** Alpenvereinskarte 0/3a Cord. Blanca-Nord oder die IGN-Kartenteile 19-h, Carhuaz, jeweils ein kleiner Teil der Karten 19-i, Huari, und 18-i, Pomabamba, sowie die Karte 18-h, Corongo.
▶ **Verkehrsanbindung:** Die Kleinbusse des Santa-Tales fahren von Huaraz aus direkt bis Carhuaz. Dort fahren an der Ostseite der *Plaza de Armas colectivos* nach Shilla ab. Man sollte sich vergewissern, ob der jeweilige Wagen auch bis Shilla fährt. Einige fahren nach Amashca, das auf der gegenüberliegenden Talseite liegt. Von Cashapampa tagsüber Transportmöglichkeiten nach Caraz; von dort weiter nach Huaraz.
▶ **Unterkünfte**: Beschränkte Übernachtungsmöglichkeiten in Shilla, Colcabamba und Cashapampa.
▶ **1.Tag:** Shilla – Puente Ulta
▶ **2. Tag:** Puente Ulta – Quebrada Ichic Ulta
▶ **3. Tag:** Quebrada Ichic Ulta – Amapampa
▶ **4. Tag:** Amapampa – Huecrococha
▶ **5. Tag:** Huecrococha – Jancapampa
▶ **6. Tag:** Jancapampa – Huilca
▶ **7. Tag:** Huilca – Alpamayo-Tal (Jancarurish)
▶ **8. Tag:** Alpamayo-Tal (Jancarurish) – Hualcayán
▶ **9. Tag:** Hualcayán – Cashapampa

Durch den Ausgangspunkt Shilla rücken zahlreiche Berge in den Blickpunkt, die auf den vorher beschriebenen Alpamayo-Touren nicht zu sehen sind. Dazu gehört der höchste Berg Perus, der Huascarán (6655 m und 6768 m), der vom Dorf Shilla vielleicht am beeindruckensten wirkt. Im weiteren Verlauf erscheinen dann

Tagesetappen	Gehzeit	Entfernung	Anstieg	Abstieg
1. Shilla (2910 m) – Puente Ulta (4000 m)	7 Std.	17 km	1090 m	–
2. Puente Ulta (4000 m) – Quebrada Ichic Ulta (4400 m)	3–4 Std.	7,5 km	850 m	450 m
3. Quebrada Ichic Ulta (4400 m) – Amapampa (3450 m)	7–8 Std.	19 km	150 m	1100 m
4. Amapampa (3450 m) – Huecrococha (3950 m)	4 Std.	9 km	1150 m	650 m
5. Huecrococha (3950 m) – Jancapampa (3600 m)	5–6 Std.	12,5 km	650 m	1000 m
6. Jancapampa (3600 m) – Huilca (4050 m)	4.30 Std.	10 km	1000 m	550 m
7. Huilca (4050 m) – Alpamayo-Tal (4250 m)	5–6 Std.	12,5 km	830 m	630 m
8. Alpamayo-Tal (4250 m) – Hualcayán (3150 m)	9.30 Std.	23,5 km	1075 m	2175 m
9. Hualcayán (3150 m) – Cashapampa (2900 m)	3 Std.	8,5 km	100 m	350 m
Total:			**6895 m**	**6905 m**

auch der Nevado Hualcán (6122 m) mit seiner charakteristischen Eishaube, die steile Felswand des Nevado Ulta (5875 m), die ausgedehnten Eisfelder des Nevado Contrahierbas (6036 m) sowie der Nevado Chopicalqui (6354 m).

5

5

Schwierig wird es dann bei den Anstiegen zum dritten bzw. vierten Pass. Jeweils im oberen Teil vor den Passübergängen ist kein Weg zu finden. Hier helfen nur gesunder Menschenverstand und Orientierungsvermögen weiter. Der vierte Pass reicht sehr nahe an das Pucahirca-Massiv heran und bietet eine spektakuläre Aussicht.

Im letzten Teil der Tour wird das Cedros- oder Alpamayo-Tal erreicht. Von dort sieht man den Alpamayo (5947 m) von seiner schönsten Seite. Auf den beiden schweren Etappen nach Cashapampa wird der Trekker dann mit der Aussicht auf den Cullicocha-See, die Santa-Cruz-Gruppe und das Santa-Tal belohnt.

Bei der Tour Ulta – Alpamayo handelt es sich um eine der längsten Touren in der Cordillera Blanca. Schon aus diesem Grund muss sie sorgfältig geplant werden; keinesfalls eignet sie sich für Personen, die zum ersten Mal in ihrem Leben eine Trekkingtour unternehmen wollen. Darüber hinaus ist diese Tour sehr selten begangen und sehr abgelegen, so dass im Notfall keine schnelle Hilfe erwartet werden kann.

Der Wegverlauf

1. Tag: Hinaus aus Shilla

Shilla wird über die Hauptstraße (*Avenida Rep. del Canadá*) verlassen. Es ist nicht notwendig, sämtliche Kurven der Straße auszulaufen; fast immer gibt es Abkürzungen, auch wenn sie manchmal nicht gleich zu finden sind. Im Zweifel fragt man nach dem Weg nach **Llipta**, dem Dorf, das oberhalb von Shilla liegt und durch das die Straße führt. Auf diesem Wegabschnitt hat man einen außergewöhnlich schönen Blick auf das Huascarán-Massiv; rechts sieht man die Eishaube des Hualcán (6125 m). Nach 20 Minuten Gehzeit ist Llipta erreicht; die Abkürzungen sind oberhalb des Dorfes etwas leichter zu finden. Nach weiteren 40 Minuten Gehzeit durchquert man die Ansiedlung Catay. Etwa 10 Minuten kann man noch Abkürzungen benutzen,

> **Tipp** Die Tragtiersuche in Shilla kann etwas Zeit in Anspruch nehmen. Allzu viele Trekkinggruppen kommen hier nicht durch. Und da die *arrieros* morgens früh aufs Feld gehen, dauert es einige Zeit, bis man jemanden gefunden hat. Wer eine größere Anzahl von Tragtieren benötigt oder pünktlich losgehen will, sollte sich schon einen Tag vor dem Abmarsch um Tragtiere kümmern. Klar sein sollte auch, dass den *arrieros* die zwei Tage für den Heimmarsch von Cashapampa nach Shilla vergütet werden müssen.

dann führt der Weg auf der Straße weiter. An dieser leiten die wie Abkürzungen aussehenden Wege in andere Richtungen.
An der nächsten Brücke zweigt nach rechts ein Weg zur Laguna Auquiscocha ab.
Wenig später beginnt die Fahrstraße Richtung Ulta-Tal in Serpentinen anzusteigen. Bei der ersten Rechtskurve sollte man die Abkürzung suchen, die die Straße verlässt und steil den Hang hinaufführt. Durch den Pfad kann viel Wegstrecke und Gehzeit gespart werden. Wieder auf der Straße angelangt, folgt man dieser bis zur Portada (Taleingang) Ulta, Gehzeit ab Shilla: 2 ½ Stunden. Das Metalltor an der Straße ist normalerweise geöffnet.
Etwas weiter talaufwärts wird dann der Fluss auf einer Brücke zur linken Seite überquert. Wenig später kommt am Talende der Nevado Contrahierbas (6036 m) in Sicht. Nach ca. 2 ½ Stunden Gehzeit wird die Brücke mit dem Namen **Puente Ulta** erreicht. Von hier steigt die Straße in zahllosen Serpentinen zur **Punta Ulta** (4890 m) an. Um unten im Tal einen günstigen Zeltplatz zu finden, verlässt man die Straße und geht noch ein kleines Stück geradeaus. (Die Brücke wird also nicht überquert; man bleibt auf der linken Seite des Tales). Nach einigen Minuten Gehzeit zweigt nach links ein kleines Tal ab, das zur Südostseite des Berges Chopicalqui (6354 m) führt. Hier gibt es genügend Büsche und Sträucher; das Zelt kann so aufgebaut werden, dass es von der Straße aus nicht gleich gesehen wird. Möglicherweise befinden sich weiter talaufwärts Viehhirten. Das Zelt sollte deshalb nicht unbeaufsichtigt gelassen werden. Beeindruckend sind die Aussichten vom Zeltplatz zu den Bergen Contrahierbas und Ulta.

Tipp Wer über genügend Zeit verfügt, kann einen Abstecher zur Laguna Auquiscocha einplanen. Sie liegt unterhalb des Nevado Hualcán (6125 m) in 4300 m Höhe. 100 Höhenmeter über dem Auquiscocha liegt ein weiterer Gletschersee, der Checquiacocha. Für diesen Abstecher sollte man einen ganzen zusätzlichen Tag einkalkulieren.

2. Tag: Über den Yanayacu-Pass

Am nächsten Tag benützt man den Pfad auf der linken Seite des Tales. Nach etwa 20 Minuten Gehzeit ab Übernachtungsplatz steigt dieser Weg in Höhe eines kleinen Quenualwaldes steil an. Von unten ist nicht klar zu erkennen, dass dort ein Weg durchführt; nach kurzem Suchen sollte er aber schnell gefunden sein. Dieser steile Anstieg dauert etwas mehr als eine halbe Stunde.

5

Der Weg verläuft dann auf der linken Seite der kleinen Ebene, die nun durchschritten wird. Vor dem nächsten Anstieg sollte der ausgetretene Pfad gesucht werden, um nicht zu viel Zeit und Kraft in weglosem Gelände zu verlieren. Ist der Weg einmal gefunden, dann können die im Anstieg klar erkennbaren Abkürzungen genommen werden. Nach 1 Stunde und 20 Minuten Gehzeit wird die Laguna Yanayacu erreicht. Wer sich hier verwundert umschaut und einen Passübergang sucht, muss noch bis zur nächsten Biegung vertröstet werden. Erst von dort ist der Schlussanstieg zu erkennen. Für diesen muss noch einmal mit 1½ Stunden Gehzeit gerechnet werden. Auf dem letzten Teil des Anstiegs zum Pass **Punta Yanayacu** (4850 m) liegt möglicherweise Schnee. Für die Tragtiere ist dies eine gefährliche Passage. Glitschige Felsen und ein kurzer, aber sehr steiler Anstieg verlangen alles von ihnen. Vom Pass zeigen sich, in westlicher Richtung blickend, die Berge Chopiclaqui (6354 m), dahinter die beiden Gipfel des Huascarán (6768 m und 6655 m). Nach Osten ist der Gletschersee sowie der Gletscherabbruch des Nevado Contrahierbas zu erkennen. Am Horizont lässt sich in einiger Entfernung das Städtchen Yanama erahnen.

Die Gletscher des Nevado Contrahierbas reichen bis tief unterhalb des Passes Yanayacu. Der Passübergang erfordert im oberen Teil höchste Aufmerksamkeit.

Auf den ersten Metern des Abstiegs ist dann wieder besondere Vorsicht geboten, vor allem falls Schnee liegt. Hier darf man sich nicht erlauben, auszurutschen, da der Berg nach rechts fast senkrecht in die **Quebrada Ichic Ulta** abfällt. Nach etwa 1 ½ Stunden Gehzeit wird der Gletschersee des Nevado Contrahierbas erreicht. Hier oder noch weiter unten am Rande des Quenualwaldes kann das nächste Lager aufgeschlagen werden.
Hinweis für diejenigen, die schnell über den Pass gekommen sind und sich überlegen, noch weiterzugehen: Als nächster sicherer Übernachtungsplatz eignet sich erst wieder das Dörfchen **Colcabamba**.

3. Tag: Über Colcabamba nach Amapampa

Vom Gletschersee bis zum Holzgatter der Portada Queshu ist es dann noch 1 Stunde Gehzeit. Dort angekommen, ist schon die Straße von Yanama nach Colcabamba zu erkennen, die nach weiteren 30 Minuten erreicht wird. Ein Blick zurück zum Pass zeigt, wie steil der Abstieg war. Der Fahrstraße folgt man links; nach rechts geht es zu dem Örtchen Yanama. Nach etwa 50 Minuten Gehzeit wird das Dorf Chaloa erreicht. Dort verlassen wir die Straße, folgen dem Weg durch den Ort und biegen in Höhe des Schulhauses nach links ab. Kurz danach verzweigt sich der Weg; der linke führt wieder zur Fahrstraße, der rechte Richtung Colcabamba. In Gehrichtung erscheinen in einiger Entfernung die Berge Chacraraju (6112 m) und Pirámide (5885 m). Auf der dem Weg gegenüberliegenden Talseite zeigt sich der lang gezogene Ansteig, der später bewältigt werden muss. Von Chaloa bis **Colcabamba** ist es etwa 1 Stunde Gehzeit. Dort bietet die Pension Colonje zwölf Betten für den müden Wanderer. Wer lieber im Freien schläft, fragt nach dem Zeltplatz der Pension. Dort kann gegen ein geringes Entgelt gezeltet werden. Die Herberge selbst ist sehr einfach; das Essen wird in einer verräucherten Küche in geschwärzten Töpfen zubereitet. Als Brennmaterial wird ausschließlich Holz verwendet, deshalb dauert die Zubereitung der Speisen entsprechend lang. Interessant ist das dicke Gästebuch, in dem man nachlesen kann, wer hier im letzten Jahrzehnt durchgekommen ist.
Im Ort Colcabamba nimmt man den nächsten Weg hinunter zum Fluss und überquert diesen. Es folgt der lang gezogene Anstieg,

5

der schon vor Erreichen Colcabambas zu erkennen war. Nach einer Stunde Gehzeit kommt man zu einem Holzkreuz, das über kaum noch erkennbaren Ruinenresten aus der Vor-Inkazeit errichtet wurde. Auf der Anhöhe angekommen, geht es dann zuerst wieder etwas abwärts, bis der Übergang über den Fluss in der Nähe des Dorfes **Amapampa** erreicht wird. Gehzeit 30 Minuten. Zeltmöglichkeiten oberhalb des Dorfes; evtl. kann auch bei der Schule gezeltet werden.

4. Tag: Nach Norden zum Huecrococha-See

Nach Überqueren des Flusses geht nach links der Weg zum nächsten Pass ab. Nach etwa einer Stunde und 20 Minuten Gehzeit, bei Erreichen der ersten Anhöhe und kurz nach Überqueren eines kleinen Bewässerungskanals, biegt der Weg nach links ab. Auf diesem kommen wir nach weiteren 25 Minuten an ein Steingatter. Hier folgt man nicht dem Weg, der wieder bergab führt, sondern nimmt den Pfad, der steil nach oben zur nächsten Bergkuppe führt. Kurz danach wird ein breiterer Weg erreicht, der zu dem am Horizont schon sichtbaren Pass führt. Zurückblickend erkennt man im Süden den Nevado Cajavilca (5419 m) und die Gipfel des Nevado Contrahierbas. Gehzeit von Amapampa bis zum Pass Yanagaga (4400 m): 3½ bis 4 Stunden. Der Weg hinunter ins Ingenio-Tal ist gut zu erkennen. Vor Erreichen des Talbodens verzweigt er sich. Man nimmt den Pfad nach links, der zum Huecrococha-See führt. Bis dorthin ist es ein kurzer, aber recht steiler Anstieg. Am See bestehen gute Zeltmöglichkeiten. Gehzeit vom Pass bis zum Talboden: 1 Stunde 30 Minuten.

5. Tag: Zur »Eisalm« Jancapampa

Unterhalb des Huecrococha-Sees wird der Fluss an einer geeigneten Stelle überquert. Der Weg führt weiter Richtung Norden und hält sich talaufwärts immer auf der rechten Seite des Flusses. Das vorletzte der kleinen Täler, die nach rechts abgehen, führt

Ein geschicktes Bewässerungssystem ermöglicht im Santa-Tal eine ertragreiche Landwirtschaft.

dann zum nächsten Pass **Tupa-Tupa** (4400 m), ab Taleingang 3 bis 3½ Stunden. Während des Anstiegs ergibt sich ein besonders schöner Ausblick auf den Nevado Taulliraju (5830 m) und die Gipfel der Pucahirca-Gruppe. Vom Pass selbst kann man weit nach Osten zu den Bergen des Marañon-Tales schauen.

Beim Abstieg vom Pass ergeben sich die ersten Schwierigkeiten. Der Weg verliert sich bald im Gelände. Durch Ichu-Gras, Büsche und Sträucher muss mühsam ein Weg gesucht werden. Vor allem im unteren Teil ist das Gelände sehr steil. Entsprechende Vorsicht ist deshalb geboten. Es ist zweckmäßig, ganz ins Tal Jancapampa (Janca=Eis, Pampa=Ebene) abzusteigen und dann bis zum Talende weiterzugehen. Dort, nahe des gewaltigen Gletscherabbruchs des

5

Nevado Pucahirca, gibt es genügend Zeltmöglichkeiten. Das Wasser ist dort auch sauberer als weiter talabwärts. Gehzeit vom Tupa-Tupa-Pass bis Jancapampa: 2 Stunden.

6. Tag: Von Jancapampa nach Huilca

Um den Weg zum nächsten Pass zu finden, wird das Tal zur rechten Seite hin durchquert. Der Talboden ist stellenweise überschwemmt. Nach etwas Suchen wird auch ein geeigneter Pfad gefunden. Der Fluss kann am Talende auf einer einfachen Holzbrücke überquert werden. Wenige Meter davon entfernt befindet sich auch schon der nächste Anstieg, der zunächst durch dichten Quenualwald führt (von der gegenüberliegenden Talseite als letzter Taleinschnitt vor dem Gletscher zu erkennen). Der Weg führt zunächst rechts am Fluss entlang, der bei Erreichen einer kleinen Ebene nach links überquert wird. Danach geht der Weg links des Wasserfalls steil nach oben. Nach diesem steilen Anstieg hält sich der Weg weiter auf der linken Talseite. Beeindruckend sind die steilen Felswände, die reichlich mit Quenual bewachsen sind. Es folgt schließlich ein steiler und beschwerlicher Anstieg zu einer kleinen Laguna unterhalb der Pucahirca-Gruppe. Kurz vor Erreichen der Laguna führt nach rechts ein kurzer, aber steiler Anstieg zum Pass (4600 m). Gehzeit ab Jancapampa: 4 bis 4 ½ Stunden.
Vom Pass erkennt man tief unten im Tal den Orientierungspunkt **Huilca**. Der erste Teil des Abstiegs ist wiederum sehr steil. Huilca selbst wird nach etwa zwei Stunden erreicht. Dort gibt es genügend Platz zum Zelten. Angesichts der Höhe wird es nachts aber sehr kalt.

7. – 9. Tag: Rückkehr nach Cashapampa

Ab hier ist der Weg bis Cashapampa identisch mit der Kleinen Alpamayo-Rundtour (Tour 2). Auf der nächsten Tagesetappe werden zwei Pässe überschritten (4450 m und 4830 m), bis bei der **Laguna Jancarurish** das Basislager Alpamayo erreicht wird. Angesichts der zurückliegenden Strapazen bietet sich hier ein Ruhetag an. Für das Überschreiten der letzten beiden Pässe (4750 m und 4850 m) und die Rückkehr nach Cashapampa sind zwei Tage anzusetzen. Wer es schließlich müde und abgekämpft dorthin geschafft hat, wird unvergessliche Eindrücke von einer der großartigsten Trekkingtouren in der Cordillera Blanca gewonnen haben.

Chancos – Llanganuco

6

Am Fuße des Huascarán: Chancos – Musho – Llanganuco

anspruchsvoll	55 km	4 Tage			

▶ **Tourencharakter:** Wege sind oft nur zu erahnen; der höchste Berg Perus ist immer im Blickfeld; kleine Andendörfer, abgelegene Gehöfte und schwierige Passagen kennzeichnen diese anspruchsvolle Tour.
▶ **Beste Jahreszeit:** Mai bis Mitte September.
▶ **Ausgangspunkt:** Chancos.
▶ **Endpunkt:** Llanganuco.
▶ **Landkarte:** Alpenvereinskarte 0/3a Cord. Blanca-Nord oder IGN-Karte 19-h, Carhuaz.
▶ **Verkehrsanbindung:** Wer sich keinen *expreso* geleistet hat, fährt mit einem der Kleinbusse bis Marcará. Abfahrt in Huaraz an der Brücke über den Río Quilcay. Die Kleinbusse halten in Marcará bei der Markthalle *(mercado municipal)*; die Straße nach Chancos und Vicos geht von der Hauptstraße nach rechts (Fahrtrichtung Norden). Nicht weit von der Markthalle entfernt stehen tagsüber Kleinbusse, die nach Chancos bzw. Vicos fahren. Wer Tragtiere braucht, muss sie sich in Vicos besorgen; in Chancos ist dies nicht möglich.
▶ **Unterkünfte**: Einfache Übernachtungsmöglichkeiten in Musho.
▶ **1.Tag:** Chancos – Quebrada Hualcán
▶ **2. Tag:** Quebrada Hualcán – Quebrada Catay
▶ **3. Tag:** Quebrada Catay – Musho
▶ **4. Tag:** Musho – Llanganuco (Chinancocha)

Bei dieser Trekkingtour sind keine Pässe zu bewältigen, dennoch handelt es sich hier um eine schwere Tour. Auf den beiden ersten Tagesetappen gehen nämlich die ausgetretenen Pfade bald verloren. Gesunder Menschenverstand und die Fähigkeit, sich im Gelände zu orientieren, werden gebraucht. Später, nach Durchsteigen des Ulta-Tales (Quebrada Ulta), wird dichter besiedeltes Gebiet erreicht. Hinter dem Örtchen Musho kreuzen sich eine Vielzahl von Wegen und Pfaden. Dort kommt man nur durch Fragen weiter. Um so beeindruckender sind auf dieser Tour dann die Aussichten auf die Berge – neben Nevado Copa (6188 m) und Hualcán (6125 m) wandert man entlang

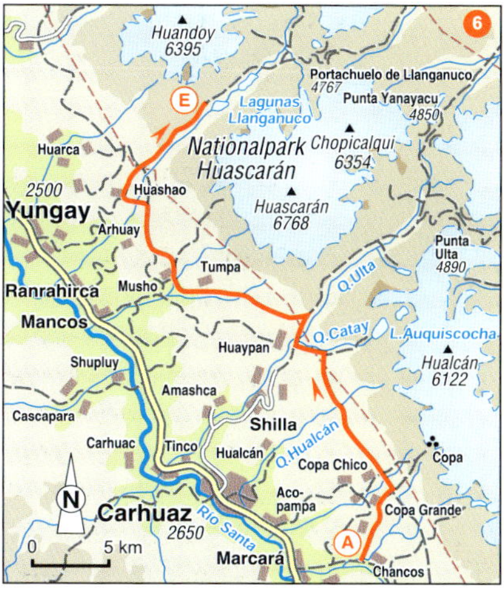

Tagesetappen	Gehzeit	Entfernung	Anstieg	Abstieg
1. Chancos (2950 m) – Quebrada Hualcán (3650 m)	6 Std.	13,5 km	850 m	150 m
2. Quebrada Hualcán (3650 m) – Quebrada Catay (3800 m)	3 Std.	7 km	600 m	450 m
3. Quebrada Catay (3800 m) – Musho (3000 m)	7 Std.	18,5 km	250 m	1050 m
4. Musho (3000 m) – Llanganuco (Chinancocha) (3850 m)	6–7 Std.	16 km	1100 m	250 m
Total:			**2800 m**	**1900 m**

der beiden Gipfel des höchsten Berges der Tropen, des Huascarán (6768 m). Ebenso spektakulär ist es, das Tal zu durchschreiten, durch das sich die verheerende Lawine während des Erdbebens von 1970 ihren todbringenden Weg zur Stadt Yungay bahnte. In Llanganuco angelangt, lässt sich die Tour weiter Richtung Cashapampa ausbauen.

Der Blick hinauf zum Nordgipfel des Huascarán (6655 m) zeigt den genauen Verlauf, den sich die Eis- und Geröll-Lawine im Jahr 1970 ins Tal gebahnt hat.

Der Wegverlauf

1. und 2. Tag: Entlang der Viertausendmetergrenze

Die ersten beiden Tage geht es an der Westseite des Nevado Copa und des Huascarán-Massivs oft durch unwegsames Gelände. Erst mit Erreichen der Quebrada Catay herrschen wieder klar ersichtliche Wege vor. Der Abstieg durch das Catay-Tal hinunter zur Fahrstraße geht schnell vor sich. Nach 45 Minuten Gehzeit hat man schon die dortige Brücke (Puente Catay) erreicht. Allerdings ist es nicht möglich, das Ulta-Tal an dieser Stelle zu durchqueren. Die Hänge fallen zu steil ab; ein gefahrloser Durchstieg ist nicht möglich. Es ist deshalb nicht zu vermeiden, dass man ein ganzes Stück bergauf gehen muss. Dazu folgt man der Fahrstraße Richtung *portada*, dem Taleingang des Ulta-Tales. Bei der nächsten Rechtskurve geht von der Straße eine Abkürzung ab, durch die man sich viel Zeit und Wegstrecke erpart. Ein in den Anstieg gesprengter Bewässerungskanal wird überquert. Danach wird wieder die Straße erreicht, der man weiter talaufwärts folgt.

Nach etwa 40 Minuten Gehzeit ab Puente Catay geht nach links ein kleiner Weg ab, der hinunter zum Fluss führt. Die Abzweigung ist

6

leicht zu übersehen; wer am Metallgittertor am Taleingang angelangt ist, der ist schon zu weit gelaufen. Kurz vor der Abzweigung nach links ist von oben auch schon die Brücke zu sehen, die über den Fluss führt. Von dort wird bald die Ansiedlung **Huaypan** erreicht. Durch verschiedene Dörfer geht es jetzt immer am Westabfall des Huascarán-Massivs entlang. Nach dem Ort Tumpa kommt man schließlich nach Musho.

3. Tag: Von Musho nach Huashao

Der Weg Richtung Llanganuco folgt zuerst der Fahrstraße bis zur kleinen *plaza* des Dorfes und biegt dort nach rechts ab (von Tumpa kommend). Die Straße verengt sich zum Weg; dieser wird von zahlreichen anderen gekreuzt, und bald kommt man nur noch durch Fragen weiter. In Musho wird Ketschua gesprochen; von den Jüngeren verstehen aber alle Spanisch.

Tipp Das Gebiet um Musho ist dicht besiedelt, und deshalb ist es schwierig, einen passablen Zeltplatz zu finden. Zweckmäßigerweise übernachtet man deshalb in einem der Rasthäuser, die während der Saison gerne von Bergsteigern belegt werden. Sie bieten eine relativ saubere Unterkunft, z. B. das Rasthaus der Señora Beltrán, Av. 5 de Julio 576.

Der Weg führt, über kleine Bewässerungskanäle und an bebauten Feldern und Steinmauern entlang, in nordwestlicher Richtung bergauf. Nach etwa 40 Minuten Gehzeit wird oberhalb von Musho eine alte Fahrstraße erreicht. Man folgt dieser Straße etwa 20 Minuten lang (Geh- und Blickrichtung Huandoy-Gipfel) und verlässt sie wieder vor Erreichen einer Anhöhe, im Bereich zweier Bewässerungskanäle, nach rechts, überquert eine Holzbrücke und nimmt den nächsten Weg, der nach links abgeht.

Der Weg ins Tal führt nun nach rechts hinunter. Nach dem steilen Anstieg wird zunächst ein kleineres Gletscherflusstal erreicht. Danach wird das Tal durchschritten, durch das sich die Eis- und Geröllmassen des Huascarán ihren Weg gebahnt haben. Durch das Geröllfeld führt ein kleiner Pfad, der teilweise mit Steinmännern markiert ist. Es folgt dann ein kurzer, aber steiler Anstieg hinauf zu dem kleinen Ort **Huashao**.

Unser Glück, nach dem schweißtreibenden Anstieg endlich wieder nicht so steiles Gelände erreicht zu haben, dauert nur kurze Zeit. Je näher wir Huashao kommen, umso deutlicher sehen wir eine Vielzahl von Dorfbewohnern, die auf der Straße offensicht-

6

lich eine Versammlung abhalten. Ich kann mir schon denken, was jetzt kommen wird. Kurz bevor wir die Dorfbewohner erreichen, baut sich einer von ihnen vor uns auf und versperrt uns den Weg. Woher wir kämen und wohin wir wollten, ist seine Frage. Wir geben ihm wahrheitsgemäß Antwort. Von Chancos nach Llanganuco sind wir unterwegs. Schön und gut, aber in diesem Gebiet müssten wir die Dienste von *arrieros* aus Huashao in Anspruch nehmen, erklärt er langatmig. Dies sei vom Direktor des Tourismusministeriums in Huaraz genehmigt worden. Nun kenne ich den Direktor auch ganz gut, weil er in Huaraz schräg gegenüber von mir sein Büro hat. Ich will dem Dorfoberen gerade die passende Antwort geben, als sich die Situation plötzlich ändert. Einer der am Boden Sitzenden steht auf, kommt auf mich zu, zieht seinen Hut und begrüßt mich herzlich. Natürlich – das verschmitzte Lächeln, Emilio León, der uns schon des öfteren Dienste geleistet hat. Es zahlt sich doch irgendwann aus, die *arrieros* gut zu behandeln und angemessen zu bezahlen, denke ich mir. Der Dorfobere, der eben noch das große Wort geführt hat, stammelt nur: »Ihr kennt euch?« Die Situation ist jetzt entschärft; damit der Chef das Gesicht wahren kann, verspreche ich ihm, in Huaraz beim Tourismusdirektor vorzusprechen und mich nach der Richtigkeit seiner Forderungen zu erkundigen. Natürlich war dieses ganze Theater ein Akt der Wichtigtuerei und der Versuch, einen vorbeikommenden Touristen zu schröpfen.

Die Wegraine nahe des Dorfes Musho laden zum Verweilen ein. Im Hintergrund erhebt sich der höchste Berg der Tropen, der Huascarán (6768 m).

4. Tag: Zu den Llanganuco-Seen

Von Huashao sind es noch zwei anstrengende Stunden, bis schließlich der untere Llanganuco-See (Chinancocha) erreicht ist. Bis dorthin fahren die Busse der Tagesausflügler aus Huaraz. Wer noch die Trekkingtour nach Cashapampa anhängen will (siehe Tour 4) folgt einfach der Fahrstraße bis zum Ende des zweiten Llanganuco-Sees (Orconcoacha). Die kleine Ebene (rechts der Straße) mit Namen **Yurac Corral** eignet sich zum Zelten. Gehzeit ab dem ersten See: eine Stunde.

Durch das Honda- und das Ulta-Tal

7

Übergang in Mont-Blanc-Höhe:
Vicos – Juitush – Punta Ulta – Shilla

anspruchsvoll | 73,5 km | 5 Tage

▶ **Tourencharakter:** Zahlreiche Wasserfälle; aufgelassene und in Betrieb befindliche Minen; hohe Passübergänge.
▶ **Beste Jahreszeit:** Mai bis Mitte September.
▶ **Ausgangspunkt:** Vicos.
▶ **Endpunkt:** Shilla.
▶ **Landkarte:** Alpenvereinskarte 0/3a Cord. Blanca-Nord oder IGN-Karten 19-h, Carhuaz und 19-i, Huari.
▶ **Verkehrsanbindung:** Von Huaraz mit den lokalen Bussen bis zu dem Ort Marcará; von dort gibt es Transportmöglichkeiten nach Vicos. Abfahrt in Marcará ist die Seitenstraße gegenüber der Markthalle *(mercado municipal)*. Von Shilla benutzt man die Transportmöglichkeiten des Pendelverkehrs mit der Stadt Carhuaz. Von dort gute Verbindungen nach Huaraz, ab *Plaza de Armas*.
▶ **Unterkünfte**: Sowohl in Vicos wie auch in Shilla beschränkte Übernachtungsmöglichkeiten.
▶ **1.Tag:** Vicos – Rinconada
▶ **2. Tag:** Rinconada – Juitush
▶ **3. Tag:** Juitush – Quebrada Coyo
▶ **4. Tag:** Quebrada Coyo – Puente Ulta
▶ **5. Tag:** Puente Ulta – Shilla

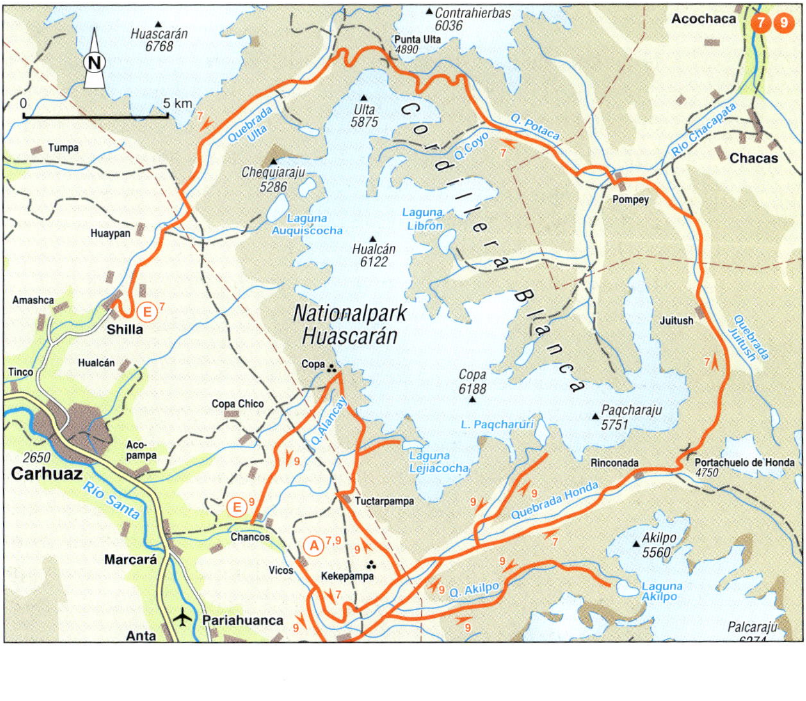

Tagesetappen	Gehzeit	Entfernung	Anstieg	Abstieg
1. Vicos (3050 m) – Rinconada (3850 m)	6 Std.	18 km	800 m	–
2. Rinconada (3850 m) – Juitush (3800 m)	4.30 Std.	10 km	900 m	950 m
3. Juitush (3800 m) – Quebrada Coyo (3850 m)	6.30 Std.	18 km	450 m	400 m
4. Quebrada Coyo (3850 m) – Puente Ulta (4000 m)	5–6 Std.	10,5 km	1040 m	890 m
5. Puente Ulta (4000 m) – Shilla (2910 m)	6 Std.	17 km	–	1090 m
Total:			3190 m	3330 m

Diese schwierige, in ihrem Verlauf aber sehr interessante Trekkingtour weist zwei hohe Passübergänge auf. Dies ist zum einen die Portachuelo de Honda mit 4750 m Höhe und zum anderen die Punta Ulta (auch Pasaje Ulta oder Punta Olímpica genannt) mit 4890 m Höhe. Auf dieser Tour beeindrucken neben zahlreichen Wasserfällen die Aussicht auf die Nevados Tocllaraju (6034 m), Chinchey (6222 m), Contrahierbas (6036 m) sowie Ulta (5875 m), Chopicalqui (6354 m) und Huascarán (6768 m).

Der Wegverlauf

In dem kleinen Weiler Juitush spielt dieses Mädchen auf einem Steingatter mit seinen Hunden.

1. Tag: Ins Honda-Tal, zur Rinconada

Der erste Tag auf dieser Trekkingtour führt uns bis zur **Rinconada**. An diesem Orientierungspunkt beschreibt das Tal einen leichten Schwenk nach rechts. Das Honda-Tal wird landwirtschaftlich stark genutzt. Vor allem verschiedene Kartoffelsorten werden hier angebaut. Wir können die Bauern der talabwärts gelegenen Dör-

7

fer bei der Ernte beobachten; Maschinen, also etwa Traktoren, sind auch heute noch die Ausnahme, weshalb die Bauern die Feldfrüchte mit der Hacke herausarbeiten. Das Erntegut wird später mit Eseln ins Tal transportiert.
An der Rinconada bestehen gute Zeltmöglichkeiten. Frischwasser gibt es aus Seitenflüssen. Der Hauptfluss selbst hat eine trübe Farbe. Im Honda-Tal wird viel Vieh gehalten; deshalb muss Wasser aus dem Hauptfluss vor Gebrauch unbedingt entkeimt werden (siehe auch Serviceteil; Kapitel Gesundheit, Seite 182).

2. Tag: In die Quebrada Juitush

Zum Pass **Portachuelo de Honda** (4750 m) folgt man den Resten der Fahrstraße, die uns schon seit Vicos begleitet hat. Vor Zeiten war einmal geplant, die Fahrstraße weiter bis zur Ostseite der Cordillera Blanca zu führen. Nachdem die Straßenbauer schon bis zur Rinconada trassiert hatten, wurde der Variante durch das Ulta-Tal der Vorzug gegeben. Die Reste der Straße enden irgendwo im dichten Gestrüpp; dort sucht man auch nach dem schmalen Weg, der zum Passübergang führt.
Auf dem Weg hinunter in die Quebrada Juitush merken wir, dass dieser hohe Pass auch heute noch als Handelsweg benutzt wird. Eine Stierherde wird hinaufgetrieben; einige reisende Händler schleppen ihre Ware, in diesem Fall Tongefäße, zum Pass. Nach zwei Stunden Gehzeit erreichen wir eine Ebene, die sich zum Zelten eignet. Eine Muli-Karawane zieht vorbei – in einem Seitental wird eine Mine betrieben. Alle Materialien, einschließlich der Dynamitstangen, müssen mit Tragtieren dorthin befördert werden.

3. Tag: Zur Quebrada Coyo

Die nächste Tagesetappe führt zuerst bis zur Straße von Chacas nach Pompey. **Pompey** ist eine arme Minenstadt, und die Auswahl an Lebensmitteln, die dort verkauft werden, ist nicht besonders groß.

Info Eine Vorstellung von der gewaltigen Zerstörungskraft der Lawine, die Yungay verschüttete, kann man sich am Ort des Geschehens machen. Yungay wurde nach der Katastrophe etwas weiter nördlich neu gegründet. Kurz vor Erreichen des Ortes (auf der rechten Seite von Huaraz kommend) befindet sich der auf einer kleinen Anhöhe liegende Friedhof. Dort überblickt man die Geröllmassen unter denen das alte Yungay liegt. Vor einigen Jahren wurde damit begonnen, die Geröllmassen zu bepflanzen. Mit vielen Blumen und Sträuchern versucht man, dem Ort etwas von seiner Traurigkeit zu nehmen. Aber auch das geht nicht ohne den mächtigen Huascarán – das kostbare Nass zur Bewässerung der Pflanzen kommt von den Gletschern seiner Westseite.

7

Von Pompey aus geht es weiter durch die Quebrada Potaca bis zur Abzweigung der Quebrada Coyo.

4. Tag: Beschwerlicher Anstieg zur Punta Ulta

Es folgt der lang gezogene und Stunden dauernde Anstieg zum nächsten Passübergang **Punta Ulta**. Der Anstieg ist beschwerlich, und die dünne Höhenluft macht jedem klar, dass einer der höchsten Passübergänge der Cordillera Blanca bevorsteht. Während der letzten halben Stunde Gehzeit vor dem Pass gibt es dann keine Abkürzungen mehr; die restlichen Kurven der Straße müssen ausgelaufen werden. Am Passübergang (4890 m) grüßen die Berge Chopicalqui (6354 m) und Huascarán (6768 m bzw. 6655 m).

Nach einer der ersten Kurven, an der vielleicht noch die Reste einer Schutzhütte aus der Bauzeit der Straße zu erkennen sind (möglicherweise auch durch Steinmänner markiert), geht ein Fußweg direkt hinunter ins Ulta-Tal. Der obere Teil dieses Weges ist aber für Tragtiere zu steil. Etwas weiter unten führt von der Straße ein Weg ab, der auch für Tragtiere begehbar sein sollte. Falls dies nicht möglich ist, kann immer noch die Straße benutzt werden – angesichts der weit ausholenden Kurven jedoch eine langwierige Angelegenheit. Im Tal angelangt, gibt es in der Nähe der Brücke (Puente Ulta) genügend Zeltmöglichkeiten. Es empfiehlt sich aber, etwas abseits der Straße und des Weges das Zelt aufzuschlagen.

5. Tag: Von Puente Ulta nach Shilla

Hinunter nach **Shilla**, dem Endpunkt der Trekkingtour, muss man nur noch der Straße abwärts folgen. Erst unterhalb der *portada* (Metalltor, aber offen) bestehen einige Abkürzungsmöglichkeiten. Über das Dorf Llipta erreicht man schließlich Shilla.

Erdbeben im Santa-Tal

Am 31. Mai 1970, um 15.23 Uhr erschütterte ein Erdbeben das Departement Ancash. Das Beben dauerte 45 Sekunden und erreichte 7,7 Grad auf der Richter-Skala. Das Epizentrum des Bebens lag 50 Kilometer vor der Küste in einer Tiefe von 24 Kilometern. Auf einem Gebiet von 83 000 km^2 gab es 70 000 Tote und 140 000 Verletzte. Etwa 160 000 Häuser wurden zerstört; 800 000 Menschen wurden obdachlos. 152 Städte und 1500 Dörfer wurden entweder beschädigt oder ganz zerstört. Ein Teil des Nordgipfels des Huascarán (6655 m) brach auf 1200 m Länge ab. Fels und Eis fielen auf einen Gletscher und nahmen dort noch mehr Material auf (25 Millionen m^3). Die Eis- und Gesteinsmassen benötigten für die 16 Kilometer lange Strecke zum Talboden nur vier Minuten, was bedeutet, das sie mit einer Geschwindigkeit von 250 Stundenkilometern unterwegs waren. Deshalb konnten sich nur wenige der 20 000 Bewohner in Sicherheit bringen, bevor die Stadt Yungay unter den gewaltigen Eis- und Geröllmassen begraben wurde.

Vicos – Conchucos – Chavín – Olleros

8

Der wilde Osten der Cordillera Blanca: Vicos – Chacas – Huari – Chavín – Olleros

anspruchsvoll | 145,5 km | 9 Tage

▶ **Tourencharakter:** Diese Tour folgt in Ihrem ersten Teil der Tour 7 (Honda – Ulta); danach folgt die sehr interessante Strecke entlang der Ostseite der Cordillera Blanca. Bei dieser Trekkingtour ist man nicht wie bei den meisten anderen vollständig auf Zeltübernachtungen angewiesen, sondern hat die Möglichkeit, in den Städtchen Chacas, Huari, San Marcos und Chavín zu übernachten.
▶ **Beste Jahreszeit:** Mai bis Mitte September.
▶ **Ausgangspunkt:** Vicos.
▶ **Endpunkt:** Olleros.
▶ **Landkarte:** IGN-Karte 19-h, Carhuaz, 19-i, Huaraz und 20-i, Recuay.
▶ **Verkehrsanbindung:** Von Huaraz mit den lokalen Bussen bis zu dem Ort Marcará; von dort gibt es Transportmöglichkeiten nach Vicos. Abfahrt in Marcará gegenüber der Markthalle *(mercado municipal)*.
▶ **Unterkünfte**: Einfache Unterkünfte in Chacas, Huari, San Marcos und Chavín.
▶ **1. Tag:** Vicos – Rinconada
▶ **2. Tag:** Rinconada – Juitush
▶ **3. Tag:** Juitush – Chacas
▶ **4. Tag:** Chacas – Quebrada Rocojato
▶ **5. Tag:** Quebrada Rocojato – Huari
▶ **6. Tag:** Huari – San Marcos
▶ **7. Tag:** San Marcos – Chavín
▶ **8. Tag:** Chavín – Sacracancha
▶ **9. Tag:** Sacracancha – Olleros

Gerade die fruchtbare und deshalb landwirtschaftlich intensiv genutzte Ostseite der Cordillera Blanca macht diese Tour besonders interessant. Der Osten ist ein Gebiet, das lange Zeit mit der Küste fast keine Verbindung hatte und in dem man noch viele Menschen mit weißer Hautfarbe antrifft, die aber vorwiegend Ketschua sprechen. Es ist eine selbstbewusste Bevölkerung,

Tagesetappen	Gehzeit	Entfernung	Anstieg	Abstieg
1. Vicos (3050 m) – Rinconada (3850 m)	6 Std.	18 km	800 m	–
2. Rinconada (3850 m) – Juitush (3800 m)	4.30 Std.	10 km	900 m	950 m
3. Juitush (3800 m) – Chacas (3400 m)	5 Std.	12,5 km	–	400 m
4. Chacas (3400 m) – Quebrada Rocojato (4000 m)	7 Std.	20 km	1300 m	700 m
5. Quebrada Rocojato (4000 m) – Huari (3080 m)	5 Std.	13 km	–	920 m
6. Huari (3080 m) – San Marcos (3000 m)	9–10 Std.	24,5 km	400 m	480 m
7. San Marcos (3000 m) – Chavín (3140 m)	3 Std.	7,5 km	140 m	–
8. Chavín (3140 m) – Sacracancha (4100 m)	10 Std.	23 km	1560 m	600 m
9. Sacracancha (4100 m) – Olleros (3450 m)	6 Std.	17 km	–	650 m
Total:			**5100 m**	**4700 m**

8

die hart arbeitet. Es hat mir Spaß gemacht, im August die steilen Anstiege in Angriff zu nehmen, wahrzunehmen, wie die Bauern die Esel über den Dreschplatz treiben und ihnen auf Spanisch zurufen: *»Asno asno, pisa pisa«* (tritt drauf, Esel). Diese Menschen lassen sich nicht von einem teuren Fotoapparat beeindrucken, sondern eher von einem Fremden, der sich genauso selbstbewusst verhält, und der im Vorbeigehen lässig an die Hutkrempe greift und mit einem hörbaren *»Buenas tardes«* seinen Weg fortsetzt.

An den Außenmauern der Ruinen von Chavín sind die charakteristischen Steinköpfe befestigt.

Auf dieser Tour wird die hoch über dem Tal des Río Mosna gelegene »Geisterstadt« Huántar durchquert, in der tagsüber kaum eine Menschenseele anzutreffen ist. Es ist eine anstrengende, aber ungemein abwechslungsreiche Trekkingtour in Perus »Wildem Osten«.

Der Wegverlauf

1.–3. Tag: Von Vicos nach Chacas

Der erste Teil der Trekkingtour ist bis zum Ausgang des Juitush-Tales identisch mit der vorher beschriebenen Tour 7, Honda – Ulta. Statt links nach Pompey geht der Weg aber nach rechts, leicht abfallend in die kleine Stadt **Chacas**. Chacas hat einige sehr einfache Unterkunftsmöglichkeiten. Wir beziehen direkt an der *plaza* eine Herberge. Auch ein Weideplatz für den Esel ist schnell gefunden. Einfache Gerichte werden in Verkaufsbuden auf dem Markt angeboten.

Tipp Wichtigstes Ereignis im Jahresverlauf ist das große Fest zu Ehren der *Virgen de la Asunción* Mitte August. Dann genießt Chacas überregionale Aufmerksamkeit. Aus nah und fern reisen die Besucher an. Bei den Unterkünften gibt es aber dann schnell Engpässe.

Chacas hat eine schöne Kirche und einen großen Hauptplatz *(Plaza de Armas)* und lebt von der Land- und Holzwirtschaft. Die schlechten Verkehrsverbindungen ins Santa-Tal bzw. an die Küste lassen eine wirtschaftliche Blüte nicht zu.

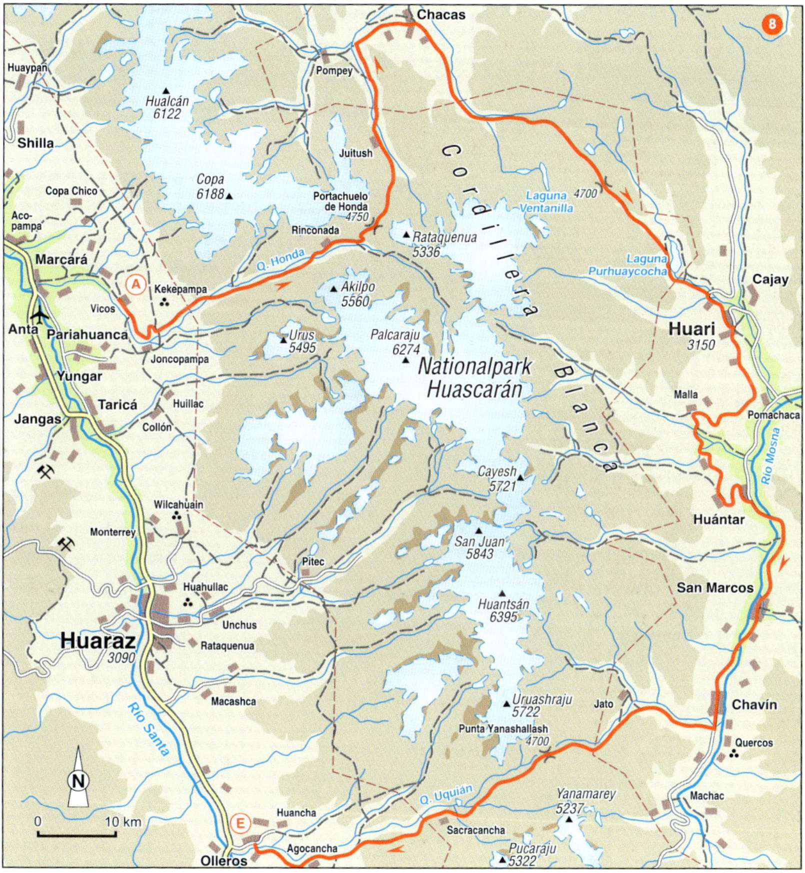

4. Tag: Von Chacas in die Quebrada Rocojato

Nach einem kurzen Frühstück auf dem Markt sind wir abmarschbereit. Nur wenige Menschen sind auf den Straßen zu sehen. Trotzdem finden wir schnell den Weg aus der Stadt. Für die nächsten Stunden geht es stetig bergauf. Einer der wenigen Menschen, denen wir begegnen, ist ein Torwächter. Wie zu erwarten, will er von uns eine Weggebühr haben. Allerdings insistiert er nicht weiter, als wir uns weigern, diese zu entrichten. Die **Quebrada Rocojato** bietet sich als Etappenziel an. Bis nach Huari ist es an einem Tag kaum zu schaffen, ohne in die Dunkelheit zu kommen.

8

5. Tag: Am Purhuay-See entlang nach Huari

Der lang gezogene Abstieg nach Huari führt hoch am Purhuay-See entlang. Dies ist ein besonders schöner Abschnitt dieser Tour. Es folgt ein steiler Abstieg hinunter zum See. Eine unbefestigte Straße führt durch dichten Wald direkt zur Kleinstadt **Huari**. Auch hier finden wir in der Nähe des Hauptplatzes eine Unterkunft. Das Tragtier kann in einem Stall nebenan untergebracht werden.

Vor einer einfachen Herberge des Ortes San Marcos werden die Tragtiere für den Weitermarsch beladen.

6. Tag: Ins Tal des Río Mosna

Vor dem Abmarsch am Morgen machen wir einen kurzen Rundgang durch die Stadt. Eine moderne Kirche, ein sauberer Hauptplatz und geschäftiges Treiben unterstreichen die regionale Bedeutung von Huari. Entlang von Eukalyptusalleen führt uns der Weg weiter in südliche Richtung. Beeindruckend ist der Blick in das weite Tal des Río Mosna. Ein steiler Anstieg führt zum Dorf Malla. Bald darauf überqueren wir den Río Rurichinchay. Es folgt der lang gezogene Anstieg nach Huántar. Die Sonne brennt erbarmungslos herunter. Die intensiv leuchtenden Farben der Acker- und Weidelandschaften lassen uns aber die Mühen des Anstiegs vergessen. **Huántar** ist eine kleine Stadt, deren Häuser fast ausschließlich aus luftgetrockneten Lehmziegeln *(adobe)* erbaut sind. Kein Mensch ist auf den Straßen zu sehen.

Bald darauf nehmen wir den Schlussteil der Tagesetappe in Angriff. Ein staubiger Weg führt hinunter ins Mosna-Tal. Dort benutzen wir die Brücke über den Fluss. Wir folgen der Fahrstraße, die sich immer in der Nähe des Río Mosna hält, bis wir nach mehre-

8

ren Stunden Fußmarsch die Ortschaft **San Marcos** erreichen. Auch hier finden wir schnell eine Herberge. Ein kleiner Hauptplatz wird von Palmen und Blumenbeeten gesäumt. In einem einfachen Restaurant lassen wir uns zur Abwechslung einmal bedienen. Die Tische stehen im Freien; es ist frisch, aber nicht kalt. Als Dach dient gespanntes Segeltuch. Besteck gibt es nur in Form einer Gabel. Als Serviette dient ein Stück Toilettenpapier. Dafür bekommt jeder Gast unaufgefordert zwei Flaschen Bier auf den Tisch gestellt. Vielleicht gerade deswegen – eine unvergleichliche Atmosphäre, die uns noch lange in Erinnerung bleiben wird.

7. Tag: Von San Marcos nach Chavín

Die nächste Tagesetappe ist die kürzeste der ganzen Tour. Auf der Fahrstraße wird mit wenig Höhenanstieg die Kleinstadt **Chavín de Huántar** erreicht. Den Rest des Tages widmen wir uns ausgiebig den Ruinen von Chavín. Wer ab Chavín den Rest der Strecke nicht mehr zu Fuß bewältigen will, kann mit dem Linienverkehrsbus nach Huaraz zurückfahren. Eventuell ist auch eine Mitfahrt in einem der Kleinbusse der Tagesausflügler aus Huaraz möglich.

Mit schwerer Last ist dieser Junge bergauf zu seinem Heimatdorf oberhalb von Chavín unterwegs.

8. und 9. Tag:
Schlussetappen nach Olleros

Letzter Teil dieser eindrucksvollen Tour sind die Etappen von Chavín nach Olleros. Größte Herausforderung dabei ist der lang gezogene und steile Anstieg bis zum Passübergang **Yanashallash** (4700 m). Hinter dem Pass bietet sich an der Westseite der Cordillera Blanca bei Sacracancha eine Ebene zum Zelten an. Einfach zu gehen aber sich lange hinziehend ist dann der letzte Teilabschnitt bis zum Ort **Olleros**. Von dort bestehen gute Verkehrsverbindungen zurück nach Huaraz.

9 In das Akilpo- und in Nebentäler des Honda-Tals

In ein archäologisch interessantes Gebiet: Vicos – Akilpo -Lejiacocha – Chancos

mittel	66,5 km	5 Tage			

► **Tourencharakter:** Schattige Quenualwälder, Basislager für die Besteigung des Nevado Copa, Ruinen aus der Vor-Inkazeit und die Thermalbäder von Chancos. Eine nicht leichte, aber abwechslungsreiche Trekkingtour.
► **Beste Jahreszeit:** Mai bis Mitte September.
► **Ausgangspunkt:** Vicos.
► **Endpunkt:** Chancos.
► **Landkarte:** IGN-Karte 19-h, Carhuaz und 19-i, Huari.
► **Verkehrsanbindung:** Mit den Kleinbussen des Santa-Tals kann die Strecke bis Marcará zurückgelegt werden. Gegenüber der Markthalle *(mercado municipal)* warten die Fahrer der Transportmittel nach Chancos bzw. Vicos.
► **Unterkünfte**: Begrenzte Übernachtungsmöglichkeiten in Vicos und Chancos.
► **1.Tag:** Vicos – Quebrada Akilpo
► **2. Tag:** Quebrada Akilpo – Quebrada Paqcharuri
► **3. Tag:** Quebrada Paqcharuri – Tuctarpampa
► **4. Tag:** Tuctarpampa – Quebrada Alancay
► **5. Tag:** Quebrada Alancay – Chancos

Diese Trekkingtour weist einige Besonderheiten auf. So sind im Verlauf dieser Tour zwar keine Pässe zu überwinden. Es ist auch keine ausgesprochene Rundtour, denn einige Male geht man den Hinweg wieder retour. Bemerkenswert ist die Anzahl der Ruinen und Ruinenreste, auf die man im Verlauf der Tour stößt: Joncopampa und Kekaipampa sind die größten, daneben gibt es noch eine Vielzahl kleinerer. Nicht zuletzt die Aussicht auf die verschiedensten Gipfel der Cordillera Blanca sowie auf den Gebirgszug der

Info Der Quenual wird hauptsächlich als Brennholz verwendet; selbst in Huaraz sind die etwa einen Meter langen Scheite für ein paar Cent zu erhalten. Nur des spottbilligen Preises wegen wird das Holz dem Kerosin vorgezogen. Es stellt sich die Frage, wann auch hier einmal in größerem Stil abgeholzt wird, und wann der Quenual dann am Ende ist.

Tagesetappen	Gehzeit	Entfernung	Anstieg	Abstieg
1. Vicos (3050 m) – Quebrada Akilpo (4400 m)	5.30 Std.	12,5 km	1350 m	–
2. Quebrada Akilpo (4400 m) – Quebrada Paqcharuri (3800 m)	7 Std.	17 km	500 m	1100 m
3. Quebrada Paqcharuri (3800 m) – Tuctarpampa (3550 m)	7 Std.	16 km	700 m	950 m
4. Tuctarpampa (3550 m) – Quebrada Alancay (3550 m)	5 Std.	10 km	1050 m	1050 m
5. Quebrada Alancay (3550 m) – Chancos (2950 m)	4 Std.	11 km	–	600 m
Total:			**3600 m**	**3700 m**

Cordillera Negra machen diese Trekkingtour zu einem Erlebnis. Der Endpunkt der Tour ist das Örtchen Chancos, durch seine Thermalbäder weithin bekannt.

Auf dem Weg ins Akilpo-Tal wird eine kleine Ebene durchschritten. Dort befinden sich Ruinen aus vorkolonialer Zeit.

Der Wegverlauf

1. Tag: In das Akilpo-Tal

An der kleinen *Plaza de Armas* von Vicos wartet Manuel schon auf mich. Nach dem kurzen Abstieg hinunter zum Fluss, der denselben Namen trägt wie das Dorf, geht es durch eine Eukalyptusallee wieder aufwärts. Der Weg führt an einer langen Mauer aus Lehmziegeln entlang; es handelt sich um die Begrenzung des Friedhofs der Ansiedlung **Huapra**. Nach etwas mehr als einer

9

Stunde sind wir schon in einer kleinen Ebene mit Namen Joncopampa, auf der die ersten Ruinenreste zu sehen sind.
Wir halten direkt auf den Taleingang der Quebrada Akilpo zu. Selbst Manuel war noch nicht in diesem Tal, so wenig touristische Bedeutung hat es bisher. Wir wählen prompt den falschen Weg auf der linken Seite des Taleingangs; dieser ist aber an manchen Stellen zugewachsen und sehr beschwerlich zu begehen. Nur wenige Täler im Bereich der Cordillera Blanca sind so dicht mit dem Quenualbaum *(Polylepis)* bewachsen, dessen papierdünne Rinde sich anfühlt wie ein Blätterteighörnchen.
Immerhin können wir jetzt noch fast vier Stunden im Schatten dieser Bäume laufen. Nach Durchschreiten des Quenualwaldes erreichen wir eine kleine Ebene, auf der wir unser Zelt aufschlagen.

2. Tag: Von der Laguna Akilpo ins Paqcharuri-Tal

Am nächsten Tag gehen wir zuerst noch hinauf zur **Laguna Akilpo**, die in 4700 m Höhe liegt, und machen uns bald auf den Rückweg zum Talausgang. Wir wollen heute noch in das Paqcharuri-Tal. Nach gemütlichen fünf Stunden Wanderung erreichen wir den Taleingang, der von der Quebrada Honda nach links abgeht. Oberhalb eines Wasserfalls entdecken wir eine Zeltmöglichkeit direkt in der Talmitte. Ein Blick die steilen Hänge nach oben zeigt uns ganz klar, woran wir sind – ein Erdbeben mit nachfolgendem Erdrutsch würde uns hier in der Talmitte nicht den Hauch einer Chance des Entrinnens geben. Man verdrängt diese Gedanken – schließlich gibt es noch mehr solcher Plätze in der Cordillera.

3. Tag: Zum Lagerplatz Tuctarpampa

Nach zwei Stunden Gehzeit sind wir am nächsten Tag schon oben an der Laguna. Manuel gehörte zu den Arbeitern, die schon vor einiger Zeit den Wasserspiegel der Laguna abgesenkt haben. Diese Arbeiten nahmen mehrere Jahre in Anspruch, da nur in der Trockenzeit gearbeitet werden konnte. Der Zweck dieser Absenkungen: Im Falle eines Erdrutsches in die Laguna lässt sich bei wenig Wasser eher ein Dammbruch und damit die Katastrophe für die Bewohner tiefergelegener Gebiete vermeiden. Wir genießen die gute Aussicht auf die umliegenden Berge, machen uns dann aber bald wieder auf den Weg. Dieser ist im mittleren Talabschnitt nicht so steil, und es macht uns Spass, im Laufschritt über den federnden Grasboden zu eilen. Unser Tragtier macht mit und galoppiert voraus. Wieder sind es 4½ bis 5 Stunden Gehzeit, bis der nächste geeignete Lagerplatz **Tuctarpampa** erreicht ist. Hier kommen die Bergsteiger durch, die auf dem Weg zum Basislager des Nevado Copa sind.

Von der Lagune Akilpo schweift der Blick über den vegetationsarmen oberen Teil des gleichnamigen Tales.

4. Tag: Anstieg zum Basislager Copa

Unsere nächste Tagesetappe hat die **Laguna Lejiacocha** und damit das Basislager Copa zum Ziel. Auch hier führt der Weg zunächst durch dichten Quenualwald und später über Felsen weiterhin steil ansteigend zur Laguna. Das Basislager Copa ist oberhalb der Laguna zwischen einigen verfallenen Schutzhütten gelegen. Viel Platz gibt es nicht. Kommen einmal mehrere Bergsteigergruppen gleichzeitig dort an, dann werden die Zeltplätze knapp. Angesichts der kalten Nächte empfiehlt es sich auch, das Lager in tieferen Gefilden aufzuschlagen. Außer uns hat aber nur eine Bergsteigergruppe den Weg hier heraufgefunden. Sehr deutlich ist vom Basislager der erste Teil des Anstiegs durch einen Eiskanal zum **Copa** (6188 m) zu erkennen. Außerdem ergibt sich ein großartiger Blick auf die Westwand des Copa mit Riffelfirn und Blockgletscher sowie auf die darunter liegende grüne Laguna.
Wir dehnen unsere Trekkingtour noch etwas weiter nach Norden aus. Beim Abstieg von der Laguna Lejiacocha sind tief unten im Tal schon die drei Seitenmoränen zu erkennen, die im weiteren Verlauf überquert werden müssen. Der ausgeprägte Weg führt dort über einen Bewässerungskanal zu einigen Ruinenresten, in deren Nähe gezeltet werden kann.
Kaum haben wir das Zelt aufgeschlagen, müssen wir dieses wegen eines kurzen, aber kräftigen Schauers auch gleich in Anspruch nehmen. Ein wunderschöner Regenbogen kann uns anschließend noch einmal aus dem Zelt locken.

Vom Lejiacocha-See zeigt sich der wilde Südgipfel des Nevado Copa (6188 m).

5. Tag: Zu den Thermalbädern von Chancos

Der Weg auf der letzten Tagesetappe ist dann wieder schwer zu finden. Wir folgen zunächst dem Bewässerungskanal. Dieser ist leider an einigen Stellen zugewachsen, sodass Tragtiere größte Mühe haben, durchzukommen. Die Umwege, die wir deswegen in Kauf nehmen müssen, führen teilweise durch steiles Ackergelände und Dornengebüsch. Schließlich sehen wir in einiger Entfernung einen kreisrunden Hügel. Dort befindet sich eine etwa drei Meter hohe Stele.

Vor dem Abstieg nach **Chancos** genießen wir noch einmal die Rundsicht auf den Huascarán und das Santa-Tal. Der Weg hinunter ins Tal führt zuerst zu dem Dorf Copa Grande, das man schon beim Überqueren der Seitenmoränen von oben gesehen hat. (Von hier kann die Trekkingtour weiter Richtung Llanganuco ausgebaut werden; siehe Tour 6, Chancos – Llanganuco). Der Weg ist jetzt wieder klar ersichtlich und leicht zu begehen. Nur wenige Meter oberhalb der Thermalbäder von Chancos erreichen wir die Straße. Hier trennt sich unser Weg – für Manuel geht es wieder bergauf nach Vicos, für mich bergab zur Straße Richtung Huaraz.

Quebrada Ishinca

10

Wer was für die Kondition tun will ...:
Paltay – Basislager Ishinca – Paltay

anspruchsvoll	42 km	3 Tage

▶ **Tourencharakter:** Beliebte Eingehtour vor allem für Bergsteiger, dabei wegen der landschaftlichen Schönheiten auch ohne Gipfel interessant. Aufgrund der Höhenunterschiede als anspruchsvoll bewertet.
▶ **Beste Jahreszeit:** Mai bis Mitte September.
▶ **Ausgangspunkt:** Paltay.
▶ **Endpunkt:** Paltay.
▶ **Landkarte:** IGN-Karte 19-h, Carhuaz und 19-i, Huari.
▶ **Verkehrsanbindung:** Mit den Kleinbussen, die das Santa-Tal bedienen, wird schnell der Ort Paltay erreicht. Bevor man in den Ort hineinfährt, an der Brücke über den Río Paltay, geht nach rechts die Fahrstraße nach Collón ab.
▶ **Unterkünfte**: Keine Übernachtungsmöglichkeiten in Collón.
▶ **1.Tag:** Paltay – Basislager Ishinca
▶ **2. Tag:** Basislager Ishinca – Basislager Ishinca
▶ **3. Tag:** Basislager Ishinca – Paltay

Bergsteiger suchen das Ishinca-Tal, ein kleineres Paralleltal zur Quebrada Honda, gern zur Höhenanpassung auf. Die Berge Ishinca (5530), Urus (5495 m) und Tocllaraju (6034 m) sind dabei meist das Ziel derjenigen, die später noch höher hinauf wollen.

Tagesetappen	Gehzeit	Entfernung	Anstieg	Abstieg
1. Paltay (2900 m) – Basislager Ishinca (4400 m)	6.30 Std.	18,5 km	1500 m	–
2. Basislager Ishinca (4400 m) – Basislager Ishinca (4400 m)	2–3 Std.	5 km	550 m	550 m
3. Basislager Ishinca (4400 m) – Paltay (2900 m)	5–6 Std.	18,5 km	–	1500 m
Total:			**2050 m**	**2050 m**

10

Trotzdem lässt sich auch als Bergwanderer oder Trekker in diesem Tal eine schöne Dreitagestour unternehmen. Allerdings sollte sich jeder im Klaren sein, dass das Ziel, die Laguna Ishinca, fast 5000 m hoch liegt. Zum Greifen nah erscheinen dort die Berge Ranrapalca (6162 m) und Ocshapalca (5888 m).

Anfahrt

Für einen Ausflug in die Quebrada Ishinca nehmen wir ein Fahrzeug, um nicht zu viel Zeit zu verlieren. Am Stadtrand von Huaraz lässt der Verkehr schnell nach, und auf der gut ausgebauten Straße des Santa-Tals erreichen wir schnell die Abzweigung vor dem Dorf Paltay. Hier ist Schluss mit der guten Straße – gleich der erste Anstieg hat es in sich. Ideal für Fahrzeuge mit Allradantrieb. So manches »Stadtfahrzeug« ohne genügend Bodenfreiheit ist hier schon aufgesessen.

Ein kleines Mädchen aus dem Ishinca-Tal auf dem Weg zur Dorfschule. In einer kleinen Umhängetasche führen die Schulkinder Proviant für den Tag mit.

Zuerst lasse ich noch einen Dorfbewohner auf die Ladefläche, der eine Mitfahrt nach Collón sucht. Es geht wenig mehr als im Schritttempo voran. Viele Schlaglöcher und Querrinnen lassen ein schnelleres Fortkommen nicht zu. Wir haben zwar keine Probleme mit der Bodenfreiheit, aber unser Pritschenwagen hat keinen Allradantrieb. Kurz vor Collón hänge ich am letzten Anstieg fest. Also – Wagen rückwärts rollen lassen und noch einmal mit kräftig Gas den Hang hinauf. Erst beim dritten Mal klappt es, und wir rumpeln kurz darauf am Schulhaus von Collón vorbei. Es geht noch ein Stückchen weiter bergauf nach Huillac. Dort werden Tragtiere vermietet, und in einem kleinen Haus registriert man sich als Nationalpark-Besucher.

Der Wegverlauf

1. Tag: Das Ishinca-Basislager

Teodoro Sánchez, der Vorsteher des Ortes, hat uns schnell zwei Pferde vermittelt. Nicht zuletzt seinem Engagement ist es zu ver-

10

danken, dass sich Collón und Huillac von bitterarmen Dörfern zu lokal wichtigen Trekkingpunkten entwickelt haben, auch wenn sie nur Durchgangsstationen der Bergwanderer und Bergsteiger sind.

Ich habe meinen Poncho als Unterlage auf den Sattel gelegt. Die Steigbügel sind an der Spitze geschlossen und deshalb furchtbar unbequem, aber etwas anderes ist nicht zu haben. Wir reiten aus dem Dorf hinaus und folgen zunächst der Fahrstraße. Bis zur Brücke über den Río Paltay kann auf diesem mehr oder weniger ebenen Stück auch galoppiert werden.

Nach Überqueren der Brücke ist es mit dem breiten Fahrweg erst einmal vorbei. Der Weg wird schmal und verläuft dann hoch über dem **Río Paltay**. Vereinzelt begegnen uns Trekkinggruppen, die am Basislager frühzeitig aufgebrochen sind und die heute noch nach Huaraz wollen. Wir lassen die Schatten spendenden Quenualwälder hinter uns und erreichen schließlich das Holzgatter der *portada,* dem Eingang zum Ishinca-Tal. Wir müssen uns etwas bücken, kommen aber dann doch ohne Absitzen durch das Tor.

Die Vegetation wird langsam spärlicher, der Weg weniger steil, und die schnee- und eisbedeckten Berge kommen in Sicht. Der Weg verläuft immer noch auf der linken Seite des Flusses; schließlich wird eine größere Ebene erreicht, die als Basislager *(campo base)* Ishinca bekannt ist. Gezeltet wird meist auf der rechten Talseite, nahe am Fluss.

Nicht weit von der Schutzhütte *(refugio)* steigen wir ab. Wir schauen rein, aber es ist niemand zu sehen. Scheinbar wollen alle in Zelten übernachten. Etwa 15 dieser Zelte sind etwas abseits aufgeschlagen. In der kurzen Hochsaison kann es hier aber noch voller werden. Zum **Nevado Urus** hinaufblickend erkennen wir als kleine Punkte einige Bergsteiger, die gerade das Eis verlassen. Auch Richtung Toclaraju sind Bergsteiger sowohl im Anstieg wie im Abstieg zu erkennen.

Tipp In Huillac sind Esel als Tragtiere schnell beschafft. Während der Trekking- und Bergsaison warten auch schon die *arrieros* auf die internationale Kundschaft. Als Besonderheit in der Cordillera Blanca können auch Lamas gemietet werden. Wer wie wir Pferde mietet, sollte das Reiten gelernt haben. Hinauf zum Basislager ist es leider keine lang gezogene Ebene, sondern es geht manchmal über Stock und Stein und manchmal auf schmalen Pfaden hoch über dem Río Paltay entlang. Aus Sicherheitsgründen sollten Reitanfänger besser keine Pferde mieten. Außer Tragtieren gibt es in Collón und Huillac wenig. Verpflegung und Ausrüstung sollten schon in Huaraz gekauft bzw. gemietet werden. Ebenso kümmert man sich in Huaraz um eventuell benötigte Bergführer oder Träger.

2. Tag: Steiler Anstieg zur Laguna Ishinca

Der Weg hinauf zur **Laguna Ishinca** folgt dem steil ansteigenden Pfad auf der rechten Talseite. Auch die Laguna Ishinca wurde aus Sicherheitsgründen abgesenkt. Dort befindet sich ein Biwak. Beeindruckend die Aussicht auf die Berge Ishinca (5530 m), Ranrapalca (6162 m) und Ocshapalca (5888 m).

Auch das Ishinca-Tal ist durch ein Gatter gesichert. Schnell ist dieses Hindernis überwunden.

3. Tag: Rückweg nach Collón und Paltay

Wir machen uns wieder auf den Rückweg. Nach dem Basislager folgt eine kleine Senke. Dort treffen wir auf die ersten Trekker, die uns natürlich fragen, wie weit es noch sei. Wir können sie beruhigen, nur noch ein kleiner Anstieg. Weiter unten sprechen uns die nächsten an. Ob wir ihnen nicht das Gepäck bis zum Basislager bringen könnten. Ganz offensichtlich hat sich hier schon jemand verausgabt. Wir geben den Tipp, dass in Kürze ein *arriero* bergab unterwegs sein wird. Und der würde natürlich um eines weiteren Verdienstes willen seinen Esel erneut beladen.

Anstrengend für die Pferde ist der Abstieg durch den Quenualwald. Ich sitze ab und führe das Pferd, bis wir wieder besseres Gelände erreicht haben. Schließlich ist dann auch wieder die Brücke über den Río Paltay erreicht, und die letzte Strecke bis Huillac geht es flott voran.

Nachdem wir die Pferde zurückgegeben haben, steht ein Fußmarsch bis nach Paltay an. Wie so oft ist in Huillac kein Auto präsent. Wir machen das beste draus und unterhalten uns auf dem Weg bergab über unsere Tour. Unten an der asphaltierten Straße des Santa-Tales warten wir einige Meter hinter der Brücke auf eine Transportgelegenheit. Ein Kleinbus nimmt uns bald darauf mit nach Huaraz.

Tipp Auf dem Weg von Huillac bzw. Collón bergab ist auf der gegenüberliegenden Talseite eine große Mine im Tagebau zu erkennen. Es handelt sich um die Goldmine Pierina. Dort baut ein kanadischer Konzern das Edelmetall ab.

Huaraz-Touren

11

Rund um die Trekkinghauptstadt Perus: Wilcahuain/Monterrey – Laguna Arhuac – Laguna Churup – Rajucolta-Tal

a) Von Huaraz zum Thermalbad Monterrey

Am Ende der Tour ein Bad in den Thermen: Huaraz – Wilcahuain – Recresh – Monterrey

leicht	13,5 km	1 Tag	

▶ **Tourencharakter:** Leichte Wanderung, bei der man die nördliche Umgebung von Huaraz kennen lernt. An den Ruinen von Wilcahuain vorbei geht es zu den Thermalbädern von Monterrey.
▶ **Beste Jahreszeit:** Mai bis Mitte September.
▶ **Ausgangspunkt:** Huaraz.
▶ **Endpunkt:** Monterrey.
▶ **Landkarte:** IGN-Karte 19-i, Huari.
▶ **Verkehrsanbindung:** Von Monterrey besteht eine Busverbindung zurück ins Zentrum nach Huaraz.
▶ **Unterkünfte**: Übernachtungsmöglichkeiten in Huaraz und Monterrey.
▶ **1.Tag:** Huaraz – Monterrey

Diese Tagestour bietet zum einen Geschichte in Form der Ruinen von Wilcahuain; zum anderen Entspannung und Erholung durch die überregional bekannten Thermalbäder von Monterrey.

Der Wegverlauf

Wir verlassen Huaraz *(Plaza de Armas)* über die Hauptstraße, die *Avenida Luzuriaga*, in nördlicher Richtung. Deren Verlängerung, die *Avenida Fitzcarrald*, führt zur Brücke über den **Río Quilcay**. Nach Überqueren des Flusses befinden wir uns im Stadtteil Centenario, der von der gleichnamigen *Avenida* durchquert wird. In Höhe des Hotels Huascarán fällt die Straße etwas ab. Nach etwa 200 m geht der Weg nach rechts zu den Ruinen von Wilcahuain ab. Die Gehzeit beträgt bis zu dieser Abzweigung etwa 20 Minuten.

Tagesetappen	Gehzeit	Entfernung	Anstieg	Abstieg
1. Huaraz (3050 m) – Monterrey (3000 m)	5 Std.	13,5 km	350 m	400 m
Total:			**350 m**	**400 m**

11

Den starken Innenstadtverkehr hat man hinter sich gelassen, die nicht mehr asphaltierte Straße steigt langsam an. Nachdem man die letzten Lehm-Wohnhäuser hinter sich gelassen hat, wird nach weiteren 20 Minuten Gehzeit das Kinderheim *(aldea infantil)* mit Namen **Acovichay** erreicht. Es geht geradeaus weiter zu einer Steinbrücke, die nach weiteren 10 Minuten Gehzeit erreicht wird. Direkt hinter der Brücke verlassen wir die Straße; die Abkürzung geradeaus führt nach kurzem Anstieg wieder auf die Fahrstraße zurück. Die dort befindliche Ansiedlung trägt den Namen Jinua. Nachdem das Dörfchen **Pária** erreicht ist, steigt die Straße steil an.

Tipp Ganz in der Nähe des Hauptgebäudes befinden sich die Ruinen von Ichic Wilcahuain. Dazu folgt man der Fahrstraße ein paar hundert Meter in südliche Richtung.

Info Der Ketschuabegriff »Wilcahuain« bedeutet »Haus der Enkelkinder«. Die Ruinen werden der Huarikultur zugerechnet, die von 400 v. Chr. bis 200 n. Chr. dauerte. Die Kultur ging von dem Ort Huarpa nördlich von Ayacucho aus. Während ihrer größten Ausdehnung reichte sie bis in die heutige Region Chavín (Ancash) hinein. Ein Enkel des Repräsentanten der Huarikultur soll an dieser Stelle seinen eigenen Herrschaftsbereich gegründet haben. Im weiteren Verlauf der Geschichte wurde Wilcahuain von anderen sich ausdehnenden Kulturen wie Nazca, Chimú und den Inkas eingenommen und zu den verschiedensten Zwecken benutzt. Es wird angenommen, dass das Gebäude während der Huarikultur als Wohngebäude verwendet wurde. Die Bauweise ist einfacher und gröber als die Gebäude z. B. der Chavínkultur. Es gibt keinerlei Verzierungen an den Ruinen. Der Kopf aus Stein an der Rückseite des Hauptgebäudes wurde erst nachträglich angebracht. Der Haupteingang ist auf der Ostseite. Trat man rückwärts durch die niedrige Tür ein, wurde durch die so notwendige Verbeugung der aufgehenden Sonne Ehrfurcht erwiesen.

Im oberen Teil der Straße führen Abkürzungen direkt zu den Ruinen. Am Wächterhäuschen gibt es nicht nur Getränke, sondern man bezahlt dort auch den Eintritt zur archäologisch interessanten Stätte.

Nach Besichtigung der Ruinen gehen wir weiter nach Monterrey. Vom Hauptgebäude von Wilcahuain führt eine Straße, die einen halbkreisförmigen Bogen beschreibt, in nördliche Richtung. Diese Straße, es ist mehr ein breiter Fußweg, führt zu dem kleinen Ort **Recresh**. Nach Durchqueren des Dorfes führt der Weg entlang eines Bewässerungskanals. Unterhalb einer Satelliten-Empfangsstation gibt es schöne Rastplätze. Von hier lassen sich die Stadt Huaraz, die Schwarze Kordillere sowie die gegenüberliegenden Schneeberge der Cordillera Blanca gut betrachten.

Der Weg nach **Monterrey** geht bald darauf steil bergab. Im Tal zeigen sich die kleine Ortschaft und bald darauf auch das Schwimmbad, sodass eine Orientierung von oben möglich ist.

Der steile Abstieg endet direkt beim Hotel Turistas Monterrey. Direkt neben dem Hotel befindet sich der Eingang zu den Thermalbädern (Öffnungszeiten 8.00–16.00 Uhr). Das Schwimmbad befindet sich in knapp 3000 m Höhe; wer schwimmen gehen will, sollte sich der Höhe bewusst sein! Auf Kleider und Wertsachen sollte besonders geachtet werden, besonders am Wochenende, wenn viel Betrieb ist.

Die guterhaltene Ruinenanlage von Wilcahuain liegt nur wenige Kilometer von Huaraz entfernt in etwa 3400 m Höhe.

Vor dem Eingang zum Thermalbad befindet sich die Endhaltestelle der Busse Huaraz – Monterrey. Nach etwa 20 Minuten Fahrzeit ist wieder das Zentrum von Huaraz erreicht.

b) Laguna Arhuac

Wanderung zu einem Logenplatz über Huaraz:
Huaraz – Wilcahuain – Laguna Arhuac – Huaraz

mittel	24 km	1–2 Tage		

▶ **Tourencharakter:** Mittelschwere Eingehtour.
▶ **Beste Jahreszeit:** Mai bis Mitte September.
▶ **Ausgangspunkt:** Huaraz.
▶ **Endpunkt:** Huaraz.
▶ **Landkarte:** IGN-Karte 19-i, Huari.
▶ **Verkehrsanbindung:** Zu den Ruinen von Wilcahuain verkehren Kleinbusse; Abfahrt in Huaraz Ecke Jr. Vallunaraju und Jr. 13 de Diciembre.
▶ **Unterkünfte**: Übernachtungsmöglichkeiten in Huaraz.
▶ **1.Tag:** Huaraz – Laguna Arhuac
▶ **2.Tag:** Laguna Arhuac – Huaraz

Eine Wanderung zur Laguna Arhuac bietet sich im Rahmen einer Ein- bzw. Zweitagestour an. Konzipiert man die Wanderung als Tagesunternehmen, empfiehlt es sich, von Huaraz nach Wilcahuain mit einem Fahrzeug zu fahren. Die Strecke von Huaraz zur Laguna und zurück ist zu Fuß an einem Tag kaum zu bewältigen. Empfehlenswerter ist es deshalb, die Tour in zwei Etappen zu

11

unterteilen. Am ersten Tag wird die Strecke von Huaraz über Wilcahuain zur Laguna zurückgelegt. Für die Rückkehr nach Huaraz ist der zweite Tag reserviert.

Der Wegverlauf

Wie bei der Tour 11a beschrieben, geht es zu den Ruinen von Wilcahuain. Beim »Hauptgebäude« folgt man der Fahrstraße weiter nach **Ichic Wilcahuain**. Nach der ersten Kurve stehen auf der rechten Seite einige Häuser. Dort geht nach links der Weg Richtung Laguna Arhuac ab. Der Weg steigt an und führt in Rich-

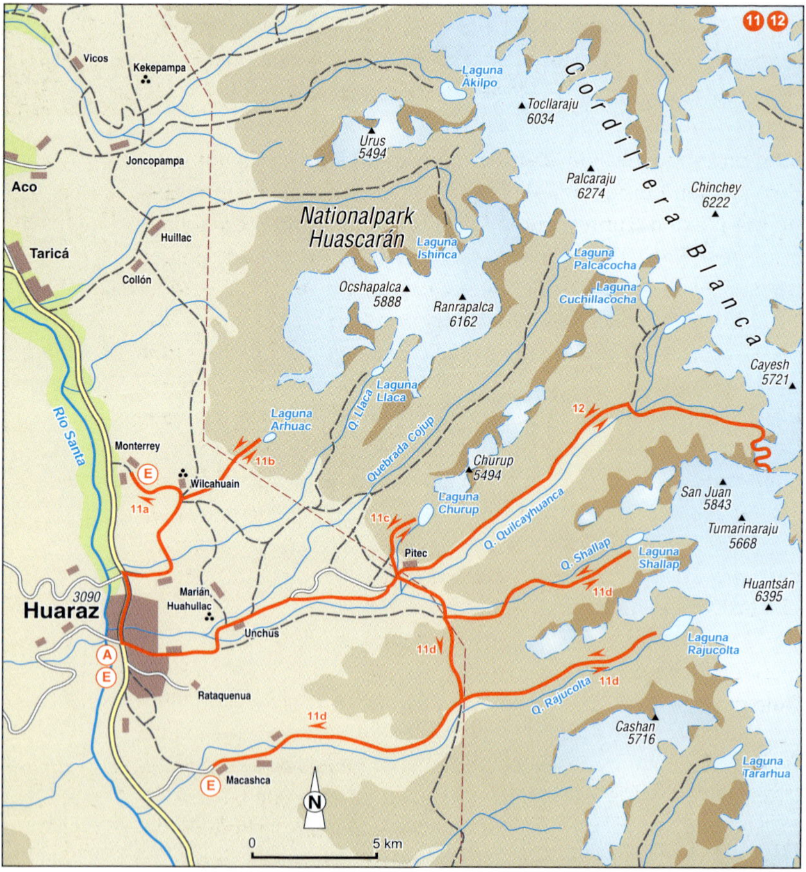

tung eines Hügels, auf dem ein Holzkreuz steht (bekannt unter dem Namen Runtucruz). Wenig später kommt man auf eine Ebene mit Namen **Runtupampa**; hier überquert man einen kleinen Fluss nach links. Der Weg ist dann schwer zu finden. Mit Beginn des steilen Anstiegs den Berg hinauf ist auch wieder ein eindeutiger Weg zu erkennen. Während der Verschnaufpausen bei diesem steilen Anstieg kann man die Aussicht auf die tief unten im Tal liegende Stadt Huaraz und auf die umliegenden Berge genießen. Unvermittelt taucht dann die wunderschöne tiefblaue Laguna Arhuac auf. Gehzeit ab Wilcahuain: 3–3½ Stunden.

Ein steiler Anstieg führt von Huaraz (Bildmitte) zur idyllisch gelegenen Laguna Arhuac.

Ein besonderes Ereignis an der Laguna Arhuac sind bei klarem Wetter die Sonnenuntergänge, die die Berge in tiefem Rot erscheinen lassen. Nach raschem Einbruch der Dunkelheit wird die Stadt Huaraz dann von unzähligen Lichtquellen erleuchtet – ein großartiges Schauspiel.

Der Weg zurück ist mit dem Anstieg identisch. Nach zwei Stunden Gehzeit sollte wieder Wilcahuain erreicht sein. Bei den Ruinen fahren die Kleinbusse nach Huaraz ab.

Tagesetappen	Gehzeit	Entfernung	Anstieg	Abstieg
1. Huaraz (3050 m) – Laguna Arhuac (4580 m)	5.30–6 Std.	24 km	1530 m	–
2. Laguna Arhuac (4580 m) – Huaraz (3050 m)	5 Std.	24 km	–	1530 m
Total:			**1530 m**	**1530 m**

11

c) Laguna Churup

Kann ein Gletschersee so schön sein …?
Huaraz – Pitec – Laguna Churup – Huaraz

mittel	29 km	1–3 Tage		

▶ **Tourencharakter:** Eine mittelschwere Tour. Lässt sich verkürzen, indem man bis Pitec ein Fahrzeug nimmt.
▶ **Beste Jahreszeit:** Mai bis Mitte September.
▶ **Ausgangspunkt:** Huaraz.
▶ **Endpunkt:** Huaraz.
▶ **Landkarte:** IGN-Karte 19-i, Huari; für den Anmarsch zusätzlich 20-h, Huaraz und 20-i, Recuay.
▶ **Verkehrsanbindung:** Kleinbusse fahren tagsüber bis Unchus bzw. Llupa. Abfahrt in Huaraz Ecke Jr. Vallunaraju/Jr. Caraz.
▶ **Unterkünfte**: Übernachtungsmöglichkeiten in Huaraz.
▶ **1.Tag:** Huaraz – Pitec
▶ **2.Tag:** Pitec – Laguna Churup
▶ **3.Tag:** Laguna Churup – Huaraz

Von der Lagune Churup ist der Orientierungspunkt Pitec (Bildmitte) zu erkennen. Die klare Luft lässt die Distanzen scheinbar schrumpfen.

Diese Tour zu dem wunderschön gelegenen Gletschersee wurde in den letzten Jahren immer beliebter. Für mich ist sie immer die Eingehtour zur Höhenanpassung und zur Vorbereitung auf größere Trekkingtouren.

Tagesetappen	Gehzeit	Entfernung	Anstieg	Abstieg
1. Huaraz (3050 m) – Pitec (3850 m)	5.30 Std.	11 km	800 m	–
2. Pitec (3850 m) – Laguna Churup (4485 m)	2 Std.	3,5 km	635 m	–
3. Laguna Churup (4485 m) – Huaraz (3050 m)	5.30 Std.	14,5 km	–	1435 m
Total:			1435 m	1435 m

Der Wegverlauf

Ein Kleinod in der Gletscherwelt der Cordillera Blanca ist die Laguna Churup. Die verschiedenen Blau- und Grüntöne harmonieren mit dem weißen Granitgestein der Berge.

Um eine schöne Tagestour aus diesem Weg zu machen, benutze ich in der Regel eine Transportgelegenheit bis **Pitec**. Danach folgt die Wanderung hinauf zur Laguna, und anschließend geht es zu Fuß hinunter nach Huaraz. Natürlich kann man auch mit dem Fahrer aushandeln, dass er in Pitec wartet und einen dann zurück nach Huaraz bringt. Zelten kann man in Pitec oder vor dem letzten Steilanstieg. Pitec selbst ist eine kleine Ansiedlung mit einigen Rundhütten; man kann dort nichts kaufen oder mieten.

Von Pitec geht man zunächst auf der linken Seite des Flusses, der von der Laguna Churup kommt. Der Weg ist ausgetreten und klar ersichtlich. Die erste kurze Steilstelle weiter oben führt über einen Felsen; wer trittsicher ist, wird keine Mühe haben sie zu überwinden. Nach Erreichen der kleinen Ebene folgt der Schlussanstieg zur Laguna. Hier muss man besonders nach Regenfällen aufpassen, aber auch sonst ist hier eine Stelle, an der es 20 m über Felsen steil nach oben geht, etwas problematisch. Wer ungeübte Personen dabei hat, sollte an den kritischen Stellen Hilfestellung geben. Alternativ dazu kann diese Steilstelle durch einen etwas längeren Weg, der dieses Hindernis links am Hang umgeht, überwunden werden. Bald darauf ist die Laguna erreicht, die vor allem bei Sonnenschein und wolkenfreiem Himmel durch ihre verschiedenen Grün- und Blautöne besticht.

Gehzeit Pitec – Laguna Churup: 2–2 ½ Stunden. Wer mit Tragtieren unterwegs ist, benutzt von Pitec den Weg auf der rechten Seite des Flusses und kommt dann bis zum Zeltplatz vor dem letzten Steilstück.

11

Die Laguna liegt unterhalb der Südwand des **Nevado Churup** (5495 m). Nach Süden blickend, kann man Pitec und die Eingänge der Täler Quilcayhuanca, Shallap und Rajucolta ausmachen. Wer einen Blick auf die Stadt Huaraz werfen will, steigt am Anfang der Laguna rechter Hand, Blickrichtung Pitec, etwa 30 m auf. Von dort geht auch ein Pfad hinunter zur Verbindungsstraße Pitec – Cojup. Gehzeit bis Taleingang Cojup auf dieser Route: 1 ½ Stunden. Es ist aber nicht möglich, von der Laguna Churup direkt in die Quebrada Cojup abzusteigen, da die das Tal begrenzenden Wände senkrecht abfallen.
Normalerweise geht man den gleichen Weg nach Pitec zurück. Von dort geht es über **Llupa** und **Unchus** zurück nach Huaraz. Wer müde ist, kann sich von Unchus mit Kleinbussen die letzten Kilometer nach Huaraz fahren lassen.

d) Quebradas Shallap und Rajucolta

Sonnenaufgang am Huantsán:
Huaraz – Pitec – Laguna Shallap – Laguna Rajucolta – Macashca

leicht | 62,5 km | 4 Tage

▶ **Tourencharakter:** Leichte Trekkingtour in zwei Tälern, die selten betreten werden, trotzdem aber wunderschöne Aussicht auf verschiedene Berge bieten. Nicht so spektakulär wie das Quilcayhuanca-Tal.
▶ **Beste Jahreszeit:** Mai bis Mitte September.
▶ **Ausgangspunkt:** Huaraz.
▶ **Endpunkt:** Huaraz.
▶ **Landkarte:** IGN-Karte 19-i, Huari; für den Anmarsch zusätzlich 20-h, Huaraz und 20-i, Recuay.
▶ **Verkehrsanbindung:** Nach Pitec gibt es keinen regelmäßigen Busverkehr. Kleinbusse fahren bis Einbruch der Dunkelheit in das Dorf Unchus.
▶ **Unterkünfte**: Keine Übernachtungsmöglichkeiten, weder in Unchus noch in Pitec.
▶ **1.Tag:** Huaraz – Pitec
▶ **2.Tag:** Pitec – Laguna Shallap
▶ **3.Tag:** Laguna Shallap – Laguna Rajucolta
▶ **4.Tag:** Laguna Rajucolta – Macashca

Tagesetappen	Gehzeit	Entfernung	Anstieg	Abstieg
1. Huaraz (3050 m) – Pitec (3850 m)	5.30 Std.	11 km	800 m	–
2. Pitec (3850 m) – Laguna Shallap (4300 m)	5 Std.	10,5 km	550 m	100 m
3. Laguna Shallap (4300 m) – Laguna Rajucolta (4250 m)	7 Std.	20 km	450 m	500 m
4. Laguna Rajucolta (4250 m) – Macashca (3400 m)	7 Std.	21 km	–	850 m
Total:			**1800 m**	**1450 m**

11

Die Quebradas Shallap und Rajucolta sind Gletschertäler, die, wie in der Cordillera Blanca typisch, in Ost-West-Richtung verlaufen. Immer ein Ereignis ist der Sonnenaufgang im Rajucolta-Tal. Die Sonne geht genau hinter dem Huantsán, dem mächtigen König der südlichen Cordillera Blanca auf – toll!

Der Wegverlauf

1. und 2. Tag: Über Pitec zur Quebrada Shallap

Man folgt von Unchus bzw. Huaraz der unbefestigten Straße nach Pitec. Von Pitec führt ein Weg von der Fahrstraße hinunter zum Río Quilcay. Dieser wird dort auf einer Brücke überquert. Gleich danach folgt der Anstieg zur Portada (Taleingang) Shallap. Diese kann in etwa eineinhalb Stunden erreicht werden. Die Quebrada Shallap ist mit einem Gatter verschlossen. Die Hütte des Torwächters befindet sich bei einem großen Felsblock wenige Meter dahinter. Wer ohne Tragtiere unterwegs ist, kann das Gatter überklettern. Mit Tragtieren ist man von der Anwesenheit des Torwächters abhängig. Andererseits kann man auch die Tragtiere am Eingang zurücklassen (unter Aufsicht natürlich). Bis zum Talende und dem dort gelegenen Gletschersee **Laguna Shallap** schafft man es in etwa eineinhalb Stunden Gehzeit.

3. Tag: Ins Rajucolta-Tal

Am Gatter der Quebrada Shallap geht der Weg nach links, Richtung Osten, zur Quebrada Rajucolta. Hier muss ein Pass überwunden werden, der Shallap- und Rajucolta-Tal trennt und etwas schwierig zu finden ist. Der Weg führt erst hinunter zum Río Quilcay und überquert diesen auf einer Brücke. Beim darauf folgenden Anstieg wird ein gut sichtbarer Bewässerungskanal überquert. Der Weg steigt dann am linken Rand eines kleinen Tales weiter an, bis ein Pass (4250 m) erreicht wird. Etwa 200 m rechts der am Pass stehenden Rundhütten sollte der nicht sehr ausgeprägte Weg zu finden sein. Von dort führt der Weg direkt hinunter ins Rajucolta-Tal.

Auch diese Quebrada ist mit einem Gatter abgesperrt. In den Hütten daneben hat für gewöhnlich jemand den Schlüssel. Ist das Hauptgatter passiert, folgt nach wenigen Minuten Gehzeit ein zweites Gatter, das aber nicht verschlossen ist. Es bestehen genügend Zeltmöglichkeiten nach dem ersten und dem zweiten Gatter.

Der Weg zur **Laguna Rajucolta** (oder auch Laguna Tambillo) folgt der linken Talseite. Nach halber Wegstrecke machen es Geröll und dichtes Gestrüpp beschwerlich, ihm zu folgen. Nach einer kurzen Steigung ist die Moräne der Laguna Rajucolta vollständig zu sehen. An dieser Stelle sollte man hinüber zum Fluss wechseln. Dort führt ein Weg direkt zur Moräne. Dies ist der schnellste Weg, die Laguna zu erreichen; in den Monaten April und Mai wird es wegen überschwemmter Wiesen aber zu einer feuchten Angelegenheit.

Tipp Wer die Moräne erreicht hat, sollte die letzte Anstrengung nicht scheuen und zum Moränenrand aufsteigen. Nur von hier oben kann man die in der Laguna schwimmenden Eisbrocken des Gletschers des Nevado Huantsán (6395 m) sehen.

4. Tag: Rückweg

Man geht den Hinweg wieder zurück, allerdings nur bis zum Taleingang; ab dem Gatter bietet sich der Weg nach **Macashca** an. Von dort, oder noch sicherer von der weiter unten gelegenen Straße am Río Santa, gibt es tagsüber zahlreiche Transportmöglichkeiten nach Huaraz.

Von der hohen Endmoräne der Laguna Tambillo lassen sich die Ausmaße des langgezogenen Rajucolta-Tales erahnen.

Quebrada Cayesh

12

Gibt es einen Übergang ins Tal des Río Mosna?
Pitec – Quebrada Cayesh – Huaraz

anspruchsvoll	58 km	4 Tage

- **Tourencharakter:** Auf der zweiten Etappe schwerer Anstieg, der Trittsicherheit und Schwindelfreiheit erfordert. Wohl der beste Ausblick auf die schwierig zu besteigende Felsnadel des Nevado Cayesh.
- **Beste Jahreszeit:** Mai bis Mitte September.
- **Ausgangspunkt:** Huaraz.
- **Endpunkt:** Huaraz.
- **Landkarte:** IGN-Karte 19-i, Huari, für den Anmarsch zusätzlich 20-h, Huaraz und 20-i, Recuay.
- **Verkehrsanbindung:** Nach Pitec gibt es keinen regelmäßigen Busverkehr. Kleinbusse fahren bis Einbruch der Dunkelheit in das Dorf Unchus.
- **Unterkünfte**: Übernachtungsmöglichkeiten nur in Huaraz.
- **1.Tag:** Huaraz – Pitec
- **2. Tag:** Pitec – Abzweigung Quebrada Cayesh
- **3. Tag:** Abzweigung Quebrada Cayesh – Abzweigung Quebrada Cayesh
- **4. Tag:** Abzweigung Quebrada Cayesh – Huarez

In Huaraz hört man von älteren Bewohnern der Stadt immer wieder, dass früher Kirchgänger von der Ostseite der Cordillera Blanca, aus dem Tal des Río Mosna, über die Quebrada Carhuascancha und anschließend Cayesh und Quilcayhuanca nach Huaraz gekommen seien. Wir wollten nun herausfinden, ob es einen gesicherten Übergang nach Conchucos gibt.

Der Wegverlauf

1. Tag: Von Huaraz zur Portada

Wir beschließen, für diese Tour Bergausrüstung mitzunehmen. Um die ganze Ausrüstung nicht selbst schleppen zu müssen, wollen wir von Pitec bis ins Cayesh-Tal Tragtiere benutzen. Mei-

Tagesetappen	Gehzeit	Entfernung	Anstieg	Abstieg
1. Huaraz (3050 m) – Pitec (3850 m)	5–6 Std.	11 km	800 m	–
2. Pitec (3850 m) – Abzweigung Quebrada Cayesh (4050 m)	5–6 Std.	11,5 km	200 m	–
3. Abzweigung Quebrada Cayesh (4050 m) – Abzweigung Quebrada Cayesh (4050 m)	4 Std.	6,5 km	945 m	945 m
4. Abzweigung Quebrada Cayesh (4050 m) – Huaraz (3050 m)	10–11 Std.	29 km	–	1000 m
Total:			**1945 m**	**1945 m**

ne beiden Träger und Bergkameraden Fidencio und Martín wohnen in Unchus und nehmen mir die organisatorischen Dinge ab. Wir benötigen die Erlaubnis, das Tal mit Tieren zu betreten; ein Verantwortlicher mit dem Schlüssel für das Tor muss zum richtigen Zeitpunkt anwesend sein, und natürlich muss ein Treiber mit Esel in Pitec warten.
Fidencio holt mich morgens um sieben Uhr in Huaraz ab. An der Brücke am Quilcay-Fluss ist schnell eine Transportgelegenheit nach Pitec gemietet. Über die unbefestigte Straße geht es nach **Unchus**. Wie vereinbart, warten dort am Straßenrand Martín und der Mann mit dem Schlüssel. Dass es in den letzten beiden Tagen geregnet hat, merken wir daran, dass kurz vor Pitec der Wagen im Matsch festsitzt. Glücklicherweise hat das Fahrzeug Allradantrieb, sodass wir sofort wieder freikommen. In Pitec können wir das Gepäck gleich auf den Esel umladen, es hat alles wunderbar geklappt. Bis zum Taleingang (Portada) ist es eine halbe Stunde zu Fuß. Die Formalitäten sind schnell erledigt; gegen Zahlung einer Gebühr von 10 US-Dollar für die Dienste des Toröffners ist dessen Aufgabe erfüllt.

2. Tag: In den Talschluss des Quilcayhuanca-Tals
Der Weg steigt nur mäßig an. Ich gehe weit voraus und genieße die Stille dieses Andentales. Nach dreieinhalb Stunden angenehmer Wanderung ist das Talende **Quilcayhuanca** erreicht. Der Fluss wird überquert. Durch die Terrassenanlagen aus Vor-Inkazeit geht es hinauf ins Cayesh-Tal. Wir beschließen am Talanfang zu zelten. Wie so oft ist der spitze Felszahn des Nevado Cayesh in Wolken gehüllt. Wir hoffen, ihn am nächsten Tag zu Gesicht zu bekommen.

3. Tag: Anstieg zum Gletscher
Früh am Morgen verlässt uns der *arriero*, um mit seinem Esel nach Unchus zurückzukehren. Natürlich müssen wir ihm wieder 10 US-Dollar mitgeben, da auch die »Ausreise« Geld kostet. Während Fidencio und Martín noch mit dem Zeltabbau beschäftigt sind, gehe ich schon in Richtung Talende voraus. Es gibt einen kleinen Saumweg, der sich aber oft im Gebüsch verliert. Es ist daher relativ anstrengend, sich durch das Unterholz und die Büsche zu schlagen. Erst am Talende lässt der Bewuchs nach; in

12

Höhe einer aufgelassenen Kohlenmine geht es jetzt steil bergauf. Hier ist auch die einzige Stelle, an der man aufpassen muss. Trittsicherheit und Schwindelfreiheit sind bei dieser Tour Voraussetzung! Nach Überwinden dieser schwierigen Passage geht es etwas weniger steil ansteigend weiter. Interessanterweise ist der Weg an einigen Stellen kunstvoll mit Steinen befestigt. Vermutlich stammen diese Arbeiten aus der Zeit, als der Minenbetrieb noch lukrativ war.
Nach etwa drei Stunden Anstieg haben wir den Gletscher, der die Berge Cayesh und San Juan trennt, erreicht. Wir befinden uns in knapp 5000 Meter Höhe. Meine beiden Begleiter haben schnell

Am Nachmittag reißt die Wolkendecke auf und gibt den Blick auf den Nevado Cayesh (5721 m) frei.

Zwischen den Bergen Maparaju und San Juan finden wir einen Weg über den Gletscher. Nach Osten fällt der Berg extrem steil zu verschiedenen Gletscherseen ab.

Steigeisen und Seil angelegt und wollen einen Durchgang erkunden. Nach einer halben Stunde kommen sie zurück, haben aber nichts gefunden, was man als Übergang bezeichnen könnte. Wir beschließen, uns die Situation gemeinsam anzuschauen. Nach Einstieg in den Gletscher wird das erste Problem schon deutlich: Es herrscht Bruchharsch, d. h., nach dem Auftreten versinkt man bis zu den Hüften im Schnee. Glücklicherweise ist es bis zur Stelle, an der man einen Blick nach Osten hat, nur 150 m weit. Wir sehen von dieser Stelle steil hinab ins Tal der **Quebrada Carhuascancha**. Von oben zeigen mir meine Begleiter eine Stelle, die vermutlich nicht ohne Schwierigkeiten zu überwinden ist. Es stellt sich die Frage, es zu versuchen und im Zweifel umkehren zu müssen. Angesichts des schweren Gepäcks und der fortgeschrittenen Uhrzeit entschließen wir uns zur Umkehr. Auf dem Rückweg, kurz nach Verlassen des Gletschers, werden wir doch noch belohnt; die Wolken, die den **Nevado Cayesh** verhüllt haben, werden vom Wind weggeweht. Selbst für mich ist es das erste Mal, dass ich die Felsnadel des Cayesh in natura bewundern kann. Trotz des Prachtpanoramas vor Augen vergessen wir nicht, an der Steilstelle Vorsicht walten zu lassen.

12

Der Rückweg zum Zeltplatz geht schnell vonstatten. Obwohl es nieselt, möchten meine Begleiter zu einem etwas tiefer gelegenen Zeltplatz weitergehen. Natürlich kenne ich meine Pappenheimer aus langjähriger Erfahrung. Am nächsten Tag wollen sie ganz einfach schneller in ihrem Heimatort sein. Ich stimme zu, unter der Bedingung, dass wir maximal eine halbe Stunde weitergehen. Was ich geahnt habe, tritt ein; unvermittelt fängt es an zu regnen. Schließlich müssen wir vor Erreichen des Flussübergangs ein Notlager errichten. Über diesen Umstand bin ich nicht gerade glücklich. Fidencio kennt mich nun auch schon lange und nimmt mir die Gegenargumente aus der Hand. Wir werden morgen nicht so früh losgehen, meint er. Ganz in meinem Sinne, mein erster Ärger ist verflogen. Trotz des Regens bekommen wir noch eine anständige Mahlzeit zustande.

4. Tag: Vom Cayesh-Tal zurück nach Pitec

Schon am frühen Morgen weckt mich ungewöhnlicher Lärm. Von meinen Begleitern erfahre ich, dass heute – es ist ein Samstag – sämtliches Vieh aus dem Tal getrieben werden soll. Beim Frühstück kommt auch scheinbar zufällig der »Mann mit dem Schlüssel« vorbei. Selbstverständlich kann er sich bei uns mit einer heißen Tasse Kaffee stärken. Er bedankt sich mit einigen *humitas*, einer in Blätter eingehüllten Maisspezialität. Bald darauf brechen wir zur letzten Etappe auf.

Ich bin etwas vorausgegangen und treffe am Gatter des Talausgangs zahlreiche Bewohner der talabwärts liegenden Dörfer. Sie alle müssen ihr Eigentum an den Tieren nachweisen; ohne genau Registrierung darf kein Tier das Tal verlassen. Da wir ohne Tragtiere unterwegs sind, ist die »Ausreise« diesmal nicht mit Kosten verbunden. Unterhalb von **Pitec** machen wir noch eine kurze Rast; in Unchus können meine beiden Begleiter das Gepäck in ihren Häusern lassen. Martin kann schon hier bleiben, während Fidencio mich noch bis Huaraz begleitet, wo diese abwechslungsreiche Tour zu Ende geht. Unsere »Aufgabe«, einen Übergang in die Quebrada Carhuascancha und ins Tal des Río Mosna zu erkunden, müssen wir als ungelöst betrachten.

Tipp Bedingt durch die starke Viehwirtschaft im Quilcayhuanca-Tal ist das Wasser nicht immer trinkbar; man sollte das Trinkwasser, wenn immer möglich, aus sauberen Seitenflüssen schöpfen.

13 Olleros – Chavín – Catac

Die Wetterseite der Cordillera Blanca: Olleros – Chavín – Catac

anspruchsvoll	102,5 km	7 Tage			

▶ **Tourencharakter:** Eine der schwierigsten, aber auch abwechslungsreichsten Trekkingtouren der Cordillera Blanca. Ruinen der Chavín-Kultur; seltene Puya Raimondii und scheue Vicuñas; menschenleere Puna und intensiv bebautes Kulturland.

▶ **Beste Jahreszeit:** Mai bis Mitte September.

▶ **Ausgangspunkt:** Olleros.

▶ **Endpunkt:** Catac.

▶ **Landkarte:** Die gesamte Strecke wird von der IGN-Karte 20-i, Recuay abgedeckt.

▶ **Verkehrsanbindung:** Von Huaraz nach Olleros fahren den ganzen Tag über Kleinbusse (Abfahrt in Huaraz in der *Avenida Tarapacá*). Wer sich einen *expreso* geleistet hat, schafft die gesamte Strecke von Huaraz nach Olleros in 35 Minuten. Tragtiere werden in dem kleinen Ort Huaripampa etwas oberhalb von Olleros vermietet. Vom Endpunkt Catac gibt es tagsüber genügend Transportmöglichkeiten nach Huaraz.

▶ **Unterkünfte**: Einfache Übernachtungsmöglichkeiten in Chavín.

▶ **1.Tag:** Olleros – Sacracancha

▶ **2. Tag:** Sacracancha – Quebrada Shoncopampa

▶ **3. Tag:** Quebrada Shoncopampa – Chavín

▶ **4. Tag:** Chavín – Campanán

▶ **5. Tag:** Campanán – Quebrada Raria

▶ **6. Tag:** Quebrada Raria – Queshquecocha

▶ **7. Tag:** Queshquecocha – Catac

Am Passübergang Yanashallash (4700 m) gehört es zur Tradition eines jeden Vorbeiziehenden, die apachitas (Steinhaufen) zu errichten. Im Hintergrund der Nevado Uruashraju (5722 m).

13

Oberhalb von Olleros beginnt die menschenleere und zuweilen sturmumtoste Puna. So einsam die Westseite wegen ihrer Unwirtlichkeit ist, so belebt und intensiv genutzt ist die Ostseite der Cordillera Blanca, weil es dort fruchtbare Böden gibt. Auch kulturhistorisch ist diese Tour von Interesse: In Chavín de Huantar führt der steile Passabstieg direkt zu einer der ältesten Kulturstätten auf dem amerikanischen Kontinent. Wenige Kilometer davon entfernt befinden sich die Thermalquellen von Quercos. Beeindruckend sind auch die Aussicht auf die Nevados Huantsán (6395 m) und Pongos (5680 m) sowie am letzten Tag der Trekkingtour, etwas oberhalb von Catac, auf das Gesamtpanorama der Cordillera Blanca. Von dort kann man das in 100 km Entfer-

Tagesetappen	Gehzeit	Entfernung	Anstieg	Abstieg
1. Olleros (3450 m) – Sacracancha (4100 m)	6 Std.	17 km	650 m	–
2. Sacracancha (4100 m) – Quebrada Shoncopampa (4500 m)	5–6 Std.	11,5 km	600 m	200 m
3. Quebrada Shoncopampa (4500 m) – Chavín (3140 m)	5 Std.	10,5 km	–	1360 m
4. Chavín (3140 m) – Campanán (4000 m)	8–9 Std.	20,5 km	860 m	–
5. Campanán (4000 m) – Quebrada Raria (4600 m)	7 Std.	16,5 km	850 m	250 m
6. Quebrada Raria (4600 m) – Queshquecocha (4300 m)	5 Std.	10,5 km	200 m	500 m
7. Queshquecocha (4300 m) – Catac (3550 m)	6 Std.	16 km	–	750 m
Total:			**3160 m**	**3060 m**

nung liegende Huascarán-Massiv erkennen. Ein weiterer Höhepunkt auf dieser Tour sind die seltenen Puya-Raimondii-Pflanzen (siehe Foto Seite 111), die man gleich an mehreren Stellen bewundern kann. Wer Glück hat, sieht sogar einige Exemplare der scheuen Vicuñas, einer wilden Lamaart.

Der Wegverlauf

1. Am Río Negro

Auf dem ersten Teil des Weges ist unser Orientierungspunkt der genau im Osten gelegene Berg **Pucaraju**, an seiner Kegelform leicht zu erkennen. Die dunkle Färbung des uns begleitenden Flusses Río Negro führt Philipp Borchers in seinem Buch »Die weiße Kordillere« auf die Schieferhülle zurück, die die hellen Granodioritblöcke umgibt. Diese Schieferhülle besteht »vorwiegend aus dunklen Gesteinen, namentlich ganz schwarzen Tonschiefern«. Der Tag endet am Beginn des Aufstiegs zur Punta Yanashallash.

2. Tag: Bau mit am Steinmann!

Vom Orientierungspunkt Sacracancha beginnt der lang gezogene Anstieg in nordöstlicher Richtung zum Pass **Punta Yanashallash** (4700 m). Es ist der einzige Passübergang in der Cordillera Blanca, an dem so ziemlich jeder Einheimische und fast jeder Tourist noch dem alten Brauch folgt, aus einigen herumliegenden Steinen ein *apachita* aufzubauen. Amerikakenner Hermann Trimborn hat diese Tätigkeit als Handlungen bezeichnet, »bei denen der Gedanke einer unpersönlichen Wirkungskraft im Vordergrund steht, wie bei Amuletten«. Zu diesen »unpersönlichen Wirkungskräften« gehöre »der von jedem des Weges Ziehenden um einen Stein vermehrte Steinhaufen auf Passübergängen«.

13

3. Tag: Nach Chavín

Auf der anderen Seite des Passes beginnt dann der steile Abstieg, der sich bis Chavín hinzieht. Es ist gut zu erkennen, an welch steilen Stellen noch Terrassenfelder angelegt worden sind. Jedes Fleckchen Erde wird zum Anbau von Feldfrüchten genutzt. Da in vielen Fällen Ochsen und Holzpflug nicht mehr eingesetzt werden können, müssen die Felder mit Eisenstangen umgegraben werden.

Tipp Wenn der Pass überschritten ist und die ersten Häuser erreicht sind, wird es aufgrund des steilen Geländes zunehmend schwieriger, einen Zeltplatz zu finden. Es sollte rechtzeitig die Entscheidung für einen Rastplatz oder für den Abstieg bis zum Talboden getroffen werden.

Auf dem letzten Steilstück zeigen sich tief unten im Tal die archäologischen Stätten. Der Weg endet am Haupteingang zu den Ruinen von **Chavín**. Wer nur seinen Rucksack trägt, kann ohne weiteres in Chavín einen Ruhetag einlegen, die Ruinen besichtigen und zu den Thermalquellen von **Quercos** gehen. Mit Tragtieren gestaltet sich alles etwas schwieriger, da für sie ein Weidegrund gefunden werden muss.

Ein Kreuz aus Stroh hoch über der Ruinenstadt Chavín markiert einen beliebten Rastplatz.

Steil führt der Weg die letzten Meter hinunter zu den Ruinenanlagen von Chavín.

4. Tag: Von Chavín in südliche Richtung

Auf der nächsten Tagesetappe ist der Weg zunächst identisch mit der Straße, die von Chavín nach Huaraz führt. Der Weg führt an den Thermalquellen von Quercos vorbei (links der Straße) und erreicht dann den Ort **Machac**. Der Weg führt am Fluss entlang bis zu einer Steinbrücke. Dort zweigt der Weg nach rechts in die Quebrada Ranracancha ab, die im oberen Teil dann Quebrada Pongos heißt.

5. Tag: Punta Raria

Weiter talaufwärts, bei einigen Hütten zweigt der Weg nach rechts Richtung **Punta Raria** (4850 m) ab. Beschwerlich, nicht nur wegen der Höhe, sondern auch, weil kein ausgeprägter Weg vorhanden ist. Es gibt nur Pfade, die dazu auch noch schwer zu erkennen sind. Kurz vor Erreichen des Passübergangs versperrt dann eine Steinmauer den Weg. Wer mit Tragtieren unterwegs ist, muss versuchen, dieses Hindernis zu umgehen. Falls dies nicht möglich ist, dann muss eben ein Teil der Mauer abgebaut werden. Anschließend baut man alles so wieder auf, wie man es vorgefunden hat, auch wenn es in dieser Höhe beschwerlich ist.
Wie beim Aufstieg ist auch beim Abstieg von der Punta Raria ein Weg zunächst kaum zu erahnen. Weiter talabwärts verbessert sich der Weg dann etwas. Wer sich jetzt schon die Puya Raimondii ansehen will, steigt ins Tal hinab und kann dann auch noch bis zur Straße Pachacoto – Huansalá gehen, an der sich noch mehr Exemplare dieser seltenen Pflanze finden lassen. Für diesen Umweg müssen allerdings mehrere Stunden Gehzeit veranschlagt werden.

6. Tag: Laguna Acococha

Wer den Umweg nicht machen will, kreuzt an der Steilstelle (von dort führt der Weg hinunter zu den Puyas) bei den Hütten auf die rechte Seite des Flusses und nimmt dort den steilen Anstieg zum nächsten Pass (4600 m) in Angriff. Die am Pass gelegene **Laguna Acococha** wird auf der rechten, die darauf folgende Laguna Mancacocha auf der linken Seite passiert. Mit etwas Glück zeigen sich an dieser Stelle Vicuñas, die ansonsten auch in der Cordillera Blanca nur noch selten zu finden sind. Der Weg hinunter zu den Lagunas Queshque ist dann wieder etwas schwierig zu finden.

7. Tag: Endpunkt Catac

Von den Lagunas Queshque folgt der lang gezogene Abstieg nach **Catac**, der etwa 5–6 Stunden in Anspruch nimmt. Der leicht zu findende Weg bleibt immer auf der linken Seite des Río Queshque. Etwas unterhalb der Laguna Queshque befindet sich noch einmal eine Gruppe von Puya Raimondii. Vor Erreichen des Endpunktes der Trekkingtour, Catac, zeigt sich die Cordillera Blanca noch einmal in einem großartigen Gesamtpanorama.

14 Gesamtumrundung der Cordillera Blanca

Das höchste Gebirge der Tropen: Cashapampa – Alpamayo-Tal – Punta Ulta – Chavín – Musho – Cashapampa

anspruchsvoll	431,5 km	32 Tage			

▶ **Tourencharakter:** Diese Tour kann und sollte nicht an einem Stück durchgeführt werden; sie ist für diejenigen interessant, die nicht nur einmal im Leben nach Peru kommen.
▶ **Beste Jahreszeit:** Mai bis Mitte September.
▶ **Ausgangspunkt:** Cashapampa.
▶ **Endpunkt:** Cashapampa.
▶ **Landkarte:** IGN-Karte 18-h, Corongo, 18-i, Pomabamba, 19-h, Carhuaz, 19-i, Huari, 20-h, Huaraz, 20-i, Recuay; auf den Teilstrecken Tage 1 bis 13 sowie Tage 27 bis 32 kann auch die Alpenvereinskarte 0/3a Cordillera Blanca Nord verwendet werden.
▶ **Verkehrsanbindung:** Die Strecke Huaraz – Caraz wird von Sonnenaufgang bis Sonnenuntergang mit Kleinbussen (Kombis) bedient. Abfahrt mehrmals jede Stunde an der Brücke über den Quilcay-Fluss (*Avenida Fitzcarrald*). In Caraz fahren an der Markthalle Kleinbusse oder Pritschenwagen nach Cashapampa ab; es gibt keine festen Abfahrtszeiten, normalerweise jedoch im Laufe des Vormittags. Wer es eilig hat, nimmt sich besser ein Taxi oder einen *expreso*. Fahrzeiten: Huaraz – Caraz: 1,5 bis 2 Stunden; Caraz – Cashapampa: mindestens eine Stunde.
▶ **Unterkünfte**: Beschränkte bzw. einfache Übernachtungsmöglichkeiten in Cashapampa, Colcabamba, Chacas, Huari, San Marcos, Chavín und Musho.
▶ **1.Tag:** Cashapampa – Hualcayán
▶ **2. Tag:** Hualcayán – Cullicocha
▶ **3. Tag:** Cullicocha – Alpamayo-Tal
▶ **4. Tag:** Alpamayo-Tal – Quitaracsa (Jancapampa)
▶ **5. Tag:** Quitaracsa (Jancapampa) – Huilca
▶ **6. Tag:** Huilca – Jancapampa
▶ **7. Tag:** Jancapampa – Huecrococha
▶ **8. Tag:** Huecrococha – Quebrada Pária
▶ **9. Tag:** Quebrada Pária – Colcabamba
▶ **10. Tag:** Colcabamba – Quebrada Ichic Ulta
▶ **11. Tag:** Quebrada Ichic Ulta – Puente Ulta
▶ **12. Tag:** Puente Ulta – Quebrada Coyo
▶ **13. Tag:** Quebrada Coyo – Chacas
▶ **14. Tag:** Chacas – Quebrada Rocojato
▶ **15. Tag:** Quebrada Rocojato – Huari
▶ **16. Tag:** Huari – San Marcos
▶ **17. Tag:** San Marcos – Chavín
▶ **18. Tag:** Chavín – Campanán
▶ **19. Tag:** Campanán – Quebrada Raria
▶ **20. Tag:** Quebrada Raria – Queshquecocha
▶ **21. Tag:** Queshquecocha – Quebrada Cotush
▶ **22. Tag:** Quebrada Cotush – Quebrada Rurec
▶ **23. Tag:** Quebrada Rurec – Quebrada Rajucolta (Portada)
▶ **24. Tag:** Quebrada Rajucolta (Portada) – Quebrada Llaca (Portada)
▶ **25. Tag:** Quebrada Llaca (Portada) – Quebrada Ishinca
▶ **26. Tag:** Quebrada Ishinca – Tuctarpampa
▶ **27. Tag:** Tuctarpampa – Quebrada Hualcán
▶ **28. Tag:** Quebrada Hualcán – Quebrada Catay
▶ **29. Tag:** Quebrada Catay – Musho
▶ **30. Tag:** Musho – Huashao
▶ **31. Tag:** Musho – Quebrada Parón
▶ **32. Tag:** Quebrada Parón – Cashapampa

Nach Sichtung meiner Unterlagen stelle ich fest, dass ich für die Ausarbeitung und Durchführung dieser Tour nicht weniger als 15 Jahre, natürlich in vielen Etappen, benötigt habe. Zwischendurch war auch einmal das Interesse eingeschlafen, die Umrundung doch noch abzuschließen. Irgendwann fehlte dann nur noch eine Etappe: von der Quebrada Parón nach Cashapampa. Nach einem anstrengenden Tagesmarsch war mit dem Dorf Cashapampa der Ausgangs- und Endpunkt dieser Tour erreicht.

Der Wegverlauf

Das traditionelle bunte Stofftuch (Llicla) ist im Hochland Perus noch weit verbreitet.

Die großen Abschnitte der Tour

Die Tour lässt sich in drei große Abschnitte einteilen: Den ersten von **Cashapampa** bis nach **Chacas**, den zweiten von Chacas bis zur **Punta Raria**, und den dritten von Raria zurück nach **Cashapampa**. Der erste Teil beinhaltet die Höhepunkte der nördlichen Cordillera Blanca, der zweite Teil führt dann an der Ostseite dieser Cordillera über Chacas, Huari, Huántar, San Marcos nach Chavín und danach durch die Quebrada Pongos bis zur Punta Raria; die letzte Etappe dann an dem schwierigen, weil durch Dutzende von kleinen Tälern unterbrochenen Westabfall der Weißen Kordillere zurück nach Cashapampa.

1. Abschnitt: Cashapampa – Chacas

Von Cashapampa führt der Weg entlang der Westseite der Cordillera Blanca in nördliche Richtung. Beim Dorf Hualcayán steigt der Weg steil zum Gletschersee **Cullicocha** an. Dort kann in einer einzigartigen Naturkulisse gezeltet werden. Über zwei hohe Pässe geht es weiter ins Alpamayo-Tal. Dort wird dann im Verlauf

14

des Talanstieges der Blick auf den formschönen Nevado Alpamayo (5947 m) freigegeben. Ein Stück des Weges muss später zurückgegangen werden. Es folgt dann der schwierige Anstieg zu zwei Pässen. Anschließend geht man einen steilen Abstieg ins Quitaracsa-Tal. Das von der Außenwelt weitgehend abgeschnittene Dorf Quitaracsa ist schnell durchquert. Durch das lang gezogene Tal des Río Collota geht es stetig aufwärts bis zum Orientierungspunkt **Huilca**. Kurz vor Erreichen dieses Punktes ist der Alpamayo zu sehen, aber nicht so spektakulär wie aus anderen Blickrichtungen.

Bei Huilca wird dann die kontinentale Wasserscheide überschritten. Entlang der Ostseite der Cordillera Blanca geht es über einen weiteren Pass ins Jancapampa-Tal. Beeindruckend ist hier der gewaltige Gletscherabbruch des Nevado Pucahirca. Es folgt ein weiterer Pass hoch über der Stadt Pomabamba; von dort bietet sich noch ein Abstecher zu den Ruinen von **Yaino** an. An dem idyllisch gelegenen Huecracocha-See führt der Weg halbkreisförmig durch eine Quebrada. Nach Überqueren der Punta Pucaraju führt der Weg einen halben Tag auf der »klassischen« Trekkingroute von Cashapampa nach Llanganuco, nämlich durch das Huaribamba-Tal nach Colcabamba. Über zwei Pässe (Punta Yanayacu, 4850 m, und Punta Ulta, 4890 m), geht es entlang der Bergmassive von Chopicalqui, Huascarán und Contrahierbas. Ein lang gezogener Abstieg nach Chacas schließt die erste Teilstrecke ab.

Auf der vorletzten Tagesetappe ergibt sich dieser wundervolle Blick auf den Westgipfel des Huandoy.

Pachma Alto
Rayan
Pachma Bajo
Quitaracsa
Collota
4350
4650
Huilca
4350
Yanacollpa
2950
Pomabamba
San Buenaventura
14
15
Q. Alpamayo
Yeguacorral
Rio Marañon
4850
L. Cullicocha
Pishgopampa
Alpamayo 5947
Taulliraju 5830
Piscobamba
4150
Rio Santa
Santa Cruz 6259
Huayllan
Yaino
Llama
Hualcayan
Quitaraju 6036
Alto de Pucaraju 4650
Quisuar
Lucma
Musga
Huaripampa
L. Huecrococha
Conay
Sucre
Sta.Cruz
Cashapampa
Nationalpark Huascarán
Q. Paria
Llumpa
Rio Yanamayo
Llacma
Chacraraju 6112
Colcabamba
Rio Ashnocancha
Yauya
Vaqueria
Yanama
0
10 km
Huandoy 6395
Caraz 2290
Punta Yanayacu 4850
Lagunas Llanganuco
Contrahierbas 6036
San Luis
Huarca
Fortsetzung s. links unten
Acochaca
Pueblo Libre
Yungay 2500
Punta Ulta 4890
Huascarán 6768
Rio Santa
Arhuay
Musho
Chacas
Ranrahirca
Tumpa
Q. Ulta
Pompey
Mancos
Shupluy
Huaypan
Hualcán 6122
Cordillera Blanca
Amashca
Juitush
Cerro Chagcha 5000
Cascapara
Shilla
Hualcán
Copa 6188
Tinco
Carhuac
Aco-pampa
Copa Chico
Carhuaz 2650
Nationalpark Huascarán
Laguna Purhuaycocha
Cajay
Marcará
Kekepampa
Vicos
Huari 3150
Anta
Pariahuanca
Palcaraju 6274
Yungar
Joncopampa
Huillac
Taricá
Q. Ishinca
Malla
Pomachaca
Cordillera Negra
Jangas
Collón
Rio Mosna
Cayesh 5721
Q. Llaca
Monterrey
Wilcahuain
San Juan 5843
Huántar
3090
Pitec
Tumarinaraju 5668
Huaraz
Huahullac
Huantsán 6395
San Marcos
Callan Punta
4225
Unchus
4250
Rataquenua
Q. Rajucolta
Rio Pira
Jato
Colcabamba
Chavín
Macashca
Nationalpark Huascarán
Pira
Rio Santa
Quercos
Yanamarey 5237
Machac
Cajamarquilla
Huancha
Sacracancha
Pampas
Olleros
Pucaraju 5322
Agocancha
Recuay
L. Querococha
Caraz 2290
4300
Huinchus
La Merced
Ticapampa
Q. Cotush
Campanan
Pueblo Libre
Pongos 5680
Huacllán
Aija
C. Huancapetí 4978
Catac
Mururaju 5688
L. Queshquecocha
Raria 5576
4850
Q. Raria
Succha
Fortsetzung von links oben
Pachacoto
L. Acococha

14

2. Abschnitt: Chacas – Queshquecocha

Von Chacas aus wird in zwei Tagesetappen das fruchtbare Gebiet von Conchucos erreicht. Mit Conchucos wird der Landstrich um die Täler des Río Huari und des Río Mosna bezeichnet. Über die Kleinstadt **Huari**, die Ansiedlung Malla, das hoch über dem Tal thronende Huántar und das verschlafene San Marcos kommt man in das Städtchen **Chavín** mit der gleichnamigen Ruinenanlage. Von Chavín aus sind es dann zwei Trekkingtage, bis der nächste

Tagesetappen	Gehzeit	Entfernung	Anstieg	Abstieg
1. Cashapampa (2900 m) – Hualcayán (3150 m)	3 Std.	8,5 km	350 m	100 m
2. Hualcayán (3150 m) – Cullicocha (4600 m)	4 Std.	8 km	1450 m	–
3. Cullicocha (4600 m) – Alpamayo-Tal (3950 m)	3 Std.	5,5 km	425 m	1075 m
4. Alpamayo-Tal (3950 m) – Quitaracsa (Jancapampa) (3600 m)	11 Std.	25 km	1000 m	1350 m
5. Quitaracsa (Jancapampa) (3600 m) – Huilca (4050 m)	8 Std.	20 km	800 m	350 m
6. Huilca (4050 m) – Jancapampa (3550 m)	5.30 Std.	13 km	580 m	1080 m
7. Jancapampa (3550 m) – Huecrococha (3950 m)	7.30 Std.	18 km	850 m	450 m
8. Huecrococha (3950 m) – Quebrada Pária (3800 m)	4.30 Std.	9,5 km	700 m	850 m
9. Quebrada Pária (3800 m) – Colcabamba (3300 m)	4 Std.	9 km	–	500 m
10. Colcabamba (3300 m) – Quebrada Ichic Ulta (3800 m)	5 Std.	10,5 km	1100 m	–
11. Quebrada Ichic Ulta (3800 m) – Puente Ulta (4000 m)	4.30 Std.	9,5 km	450 m	850 m
12. Puente Ulta (4000 m) – Quebrada Coyo (3850 m)	5 Std.	10,5 km	890 m	1040 m
13. Quebrada Coyo (3850 m) – Chacas (3400 m)	5.30 Std.	13 km	–	450 m
14. Chacas (3400 m) – Quebrada Rocojato (4000 m)	8 Std.	20 km	1300 m	700 m
15. Quebrada Rocojato (4000 m) – Huari (3080 m)	5.30 Std.	13 km	–	920 m
16. Huari (3080 m) – San Marcos (3000 m)	9.30 Std.	24,5 km	400 m	480 m
17. San Marcos (3000 m) – Chavín (3140 m)	3.30 Std.	7,5 km	140 m	–
18. Chavín (3140 m) – Campanán (4000 m)	8 Std.	20,5 km	860 m	–
19. Campanán (4000 m) – Quebrada Raria (4600 m)	6 Std.	16,5 km	850 m	250 m
20. Quebrada Raria (4600 m) – Queshquecocha (4300 m)	5 Std.	10,5 km	200 m	500 m
21. Queshquecocha (4300 m) – Quebrada Cotush (4000 m)	5 Std.	12,5 km	300 m	600 m
22. Quebrada Cotush (4000 m) – Quebrada Rurec (3900 m)	6.30 Std.	15 km	400 m	500 m
23. Quebrada Rurec (3900 m) – Quebrada Rajucolta (Portada) (4050 m)	7 Std.	16 km	850 m	700 m
24. Quebrada Rajucolta (Portada) (4050 m) – Quebrada Llaca (Portada) (4200 m)	6.30 Std.	15,5 km	650 m	500 m
25. Quebrada Llaca (Portada) (4200 m) – Quebrada Ishinca (3950 m)	7 Std.	16,5 km	700 m	950 m
26. Quebrada Ishinca (3950 m) – Tuctarpampa (3550 m)	5.30 Std.	13,5 km	700 m	1100 m
27. Tuctarpampa (3550 m) – Quebrada Hualcán (3650 m)	5 Std.	10,5 km	350 m	250 m
28. Quebrada Hualcán (3650 m) – Quebrada Catay (3800 m)	3 Std.	7 km	600 m	450 m
29. Quebrada Catay (3800 m) – Musho (3000 m)	8 Std.	18,5 km	250 m	1050 m
30. Musho (3000 m) – Huashao (3200 m)	3 Std.	6 km	450 m	250 m
31. Huashao (3200 m) – Quebrada Parón (3500 m)	5.30 Std.	13 km	700 m	400 m
32. Quebrada Parón (3500 m) – Cashapampa (2900 m)	6 Std.	15 km	200 m	800 m
Total:			**18495 m**	**18495 m**

An sonnigen Nordhängen finden sich die Puya raimondii.

Pass, die Punta Raria, überquert wird. Mit dem Pass wird auch die kontinentale Wasserscheide das letzte Mal überschritten. Die ersten Puya-Raimondii-Pflanzen sind zu sehen; es geht dann das Raria-Tal abwärts. Am idyllisch gelegenen Acococha wird der vorletzte Pass überquert. Der Weg führt hinunter zu den Queshquecocha-Seen. Hier, bei einer größeren Anzahl von Puya Raimondii, ist der zweite Abschnitt dieser Rundtour beendet.

3. Abschnitt: Queshquecocha – Cashapampa

Obwohl auf dieser Teiletappe nur ein Pass überschritten werden muss, ist dies wohl der schwierigste Abschnitt überhaupt. Der Trekker muss sich die Wege selbst suchen. Viele kleine Täler sind mühsam zu durchschreiten. So mancher Pfad endet im dichten Dornengestrüpp. Ausdauer, Beharrlichkeit und Orientierungsvermögen sind Voraussetzung, um diese Teiletappe bestehen zu können. Ist der südliche Teil durch die Höhenlage fast unbewohnt, sind im anschließenden nördlichen Teil eher Ansiedlungen und damit auch Feldwege und kleine Pfade zu finden.

Ein weithin sichtbarer Orientierungspunkt ist das Huascarán-Massiv (hier oberhalb von Huaraz aus gesehen).

Von **Queshquecocha** kann zuerst noch der Weg talabwärts genommen werden. Später muss man dann aber einen Durchgang nach Norden suchen. Wie gesagt, es gibt keine Wege. Grober Orientierungspunkt ist der in weiter Ferne erkennbare Eisklotz des Huascarán. Ansonsten ist der Westkamm der Cordillera Blanca die Orientierungslinie. Die richtige Taktik ist, möglichst wenig Höhe zu verlieren. Leichter gesagt, als getan. Eine gut gedachte Abkürzung endet durchaus einmal im Sumpf, an einem Steilhang oder im hohen Ichu-Gras. Irgendwie geht es aber dann doch wieder vorwärts. Ab der Quebrada Rajucolta gibt es bis etwas oberhalb der Ruinen von **Wilcahuain** wieder Wege, denen man folgen kann.

Ein schwieriges Stück ist dann wieder die großenteils weglose Strecke von Vicos bis ins Ulta-Tal und später dann vom Llanganuco-Tal bis zum Endpunkt in Cashapampa. Wer es geschafft hat, kann sich freuen, die vielleicht anspruchvollste Tour in ganz Peru bestanden zu haben.

Tipp Grundsätzlich sollten Trekkingtouren nicht länger als zehn Tage dauern. Die Aufnahmefähigkeit für die Schönheit der Bergwelt lässt in Anbetracht der erlebten Anstrengungen einfach nach. Und wer mit Tragtieren unterwegs ist, muss bedenken, dass auch deren Leistungsfähigkeit begrenzt ist. Wer in Cashapampa Tragtiere gemietet hat, dem bietet es sich an, nach dem 11. Tag an der Puente Ulta die Tour zu unterbrechen. *Arriero* und Esel sind von dort in zwei Tagen wieder in Cashapampa. Wiederaufgenommen werden könnte die Tour dann mit Tragtieren aus Shilla. Diese benötigen für die »Anreise« einen Tag.

Chinchaysuyo-Highway

15

Übergang der Gebirgskette Cordillera Negra: Conococha – El Mirador, hier der zweite Abschnitt Punta Callán nach Abzweig Pamparomas.

mittel	68 km	5 Tage			

▶ **Tourencharakter:** Teilstück des Trekkingweges über einen kompletten Gebirgszug in über 4000 m Höhe; die Berge der Cordillera Blanca auf der anderen Talseite ständig auf »Augenhöhe«.
▶ **Beste Jahreszeit:** Mai bis Mitte September.
▶ **Ausgangspunkt:** Punta Callán.
▶ **Endpunkt:** Abzweig Pamparomas.
▶ **Landkarte:** IGN-Karte 19-h, Carhuaz und 20-h, Huaraz.
▶ **Verkehrsanbindung:** Nur die Busse nach Casma kommen an der Punta Callán vorbei. Auf der Strecke Pamparomas nach Pueblo Libre wenig Fahrzeugverkehr.
▶ **Unterkünfte**: Keine Übernachtungsmöglichkeiten.
▶ **1.Tag:** Punta Callán – Ichic Cruz
▶ **2. Tag:** Ichic Cruz – Yacunac
▶ **3. Tag:** Yacunac – Putacapampa
▶ **4. Tag:** Putacapampa – Quebrada Punapo
▶ **5. Tag:** Quebrada Punapo – Abzweig Pamparomas

Das *Chinchaysuyo* war in den Zeiten der Inka die nordwestliche ihrer vier »Weltgegenden« und deckte das heutige Departement Ancash ab. Dieser Höhenweg führt über 200 km und mehr als 20 Trekkingtage über die gesamte Cordillera Negra. Ich habe dieser Tour deshalb den Namen Chinchaysuyo- Highway gegeben.

Die großen Abschnitte der Tour

Die Tour lässt sich in drei große Abschnitte einteilen: Den ersten von Conococha zur Punta Callán, den zweiten von der Punta Callán nach Abzweig Pamparomas und den dritten von Abzweig Pamparomas nach El Mirador. Die ersten beiden Abschnitte sind vom Schwierigkeitsgrad mittel, der dritte Teil ist sehr anspruchsvoll und schwierig.

Tagesetappen	Gehzeit	Entfernung	Anstieg	Abstieg
1. Punta Callán (4200 m) – Ichic Cruz (4400 m)	5 Std.	12 km	250 m	50 m
2. Ichic Cruz (4400 m) – Yacunac (4400 m)	5 Std.	11 km	50 m	50 m
3. Yacunac (4400 m) – Putacapampa (4500 m)	6 Std.	15,5 km	200 m	100 m
4. Putacapampa (4500 m) – Quebrada Punapo (4450 m)	5 Std.	12,5 km	50 m	100 m
5. Quebrada Punapo (4450 m) – Abzweig Pamparomas (4200 m)	6.30 Std.	17 km	50 m	300 m
Total:			**600 m**	**600 m**

Im ersten Teil beginnt der Weg in gleicher Höhe mit dem Quellsee des Río Santa, dem Conococha; zum Schluss des ersten Abschnitts befindet sich der Weg schon 1225 m über dem Talboden desselben Flusses. Exzellente Aussichten auf die Cordillera Huayhuash sowie die südliche Cordillera Blanca.

Der zweite Abschnitt ist von der Aussicht auf die Berge der spektakulärste: Von Huascarán über Huandoy, Copa, Hualcán, Chopicalqui etc. sind alle Berge zu bewundern. Am Schluss dieses Abschnitts liegt der Abstand zum Talboden bereits bei knapp 2000 Höhenmetern.

Der dritte Abschnitt ist der schwierigste: Ein Weg ist nur schwer zu finden. Dafür gibt es gute Aussichten auf die nördliche Cordillera Blanca und die Cordillera Rosco. Abstand zum Talboden vor dem Abstieg: 3200 Höhenmeter.

Der Wegverlauf (zweiter Abschnitt)

1. Tag: *Ronda campesina*

Es ist windig und unangenehm kalt, als wir den zweiten Abschnitt beginnen. Wir befinden uns in 4200 m Höhe und bewegen uns nach Süden. Ein Weg ist nicht zu erkennen; die parallel zur Schwarzen Kordillere verlaufende Weiße Kordillere ist aber unser bester Wegweiser. Nach Erreichen einer Anhöhe wird zu einem Fahrweg abgestiegen, dem wir eine Weile folgen. Da wir relativ spät losgekommen sind, beschließen wir, unsere Tagesetappe in Höhe des Orientierungspunktes **Ichic Cruz** für heute zu beenden.

Die Zelte sind schnell aufgebaut; Fidencio und Martín wollen Wasser aus einer nahe gelegenen Quelle schöpfen. Ich steige auf den Hügel, der sich direkt hinter den Zelten befindet und kann in einiger Entfernung Fidencio und Martín sehen. Nebelschwaden ziehen von West nach Ost über den Kamm, an dem wir uns befinden. Beinahe hätte ich den Mann übersehen, der von Westen kommend zum Lagerplatz ansteigt. Als er sich in Höhe meiner Begleiter befindet, höre ich, wie er ihnen zuruft: »Woher kommt ihr?« Fidencio und Martín antworten nicht. »Wo wollt ihr hin?«, die nächste Frage schon etwas lauter. Wieder keine Antwort. »Ya viene la ronda«, höre ich jetzt. Wie bitte? Mit einem Satz bin ich aufgesprungen. »Ronda« bedeutet *ronda campesina,* und das

15

ist die im Hochland verbreitete Bauernwehr, die hauptsächlich gegen Viehdiebe eingesetzt wird und auch das Einsickern von Terroristen verhindern soll. Ich gehe hinunter und treffe auf den Mann direkt an unserer Zeltstatt. Er ist überrascht mich zu sehen, da er mich vorher nicht bemerkt hat. Der Mann gefällt mir überhaupt nicht. Er hat einen wilden Gesichtsausdruck mit flackernden Augen. Ich versuche, ihn von unserer Harmlosigkeit zu überzeugen. Er sieht mich groß an und macht sich dann kommentarlos auf den Weg, der zum Santa-Tal abfällt. Fidencio und Martín sind zwischenzeitlich mit dem Wasser fürs Kochen zurückgekommen und ebenfalls nicht begeistert von der Begegnung. Aber was tun? Ich ziehe mich ins Zelt zurück, nehme meinen Schlafsack als Kopfkissen und denke nach. Es sind sicherlich noch keine 20 Minuten vergangen, als der Ruf von Fidencio ertönt: »Viene la ronda«, die *ronda campesina* ist also im Anmarsch. Wieder bin ich mit einem Satz auf den Beinen und schaue vor dem Zelt talabwärts. Tatsächlich, drei Reiter galoppieren in unsere Richtung. In ein paar Minuten werden sie uns erreicht haben. Und jetzt: Was tun? Wegrennen – keine Chance. Mit den Pferden haben sie uns sofort eingeholt. Bevor auch nur ein paar Alternativen durchgespielt sind, reiten sie schon auf uns zu und bringen ihre Pferde hart vor uns zum Stehen. Die Tiere keuchen schwer vor Anstrengung. Der mittlere Reiter, offensichtlich der Anführer, macht sich gleich lautstark bemerkbar. »Was wollt ihr hier?« Ich gebe ihm über unsere Absichten Auskunft.

Auf »Augenhöhe« begegnet man auf dieser Tour den Eisriesen der Cordillera Blanca.

15

»Dokumente her!«, ist die nächste donnernde Aufforderung. Da die Reiter hier die lokale Polizeigewalt ausüben, müssen wir der Aufforderung wohl Folge leisten. Der Anführer, den ich auf etwa 40 Jahre schätze, nimmt unsere Ausweise entgegen, schaut sie kurz an, und reicht sie an den linken Reiter weiter, einen jungen Kerl, den ich, ob seines andauernden Grinsen, gleich »Mondgesicht« getauft habe. »Mondgesicht« hat, was leicht zu bemerken ist, den Vorteil, dass er die Angaben auf den Ausweisen auch lesen kann, was dazu führt, dass er die weiteren Fragen stellt. Der rechte Reiter, auch ein Mann über vierzig, hält sich zurück. Nachdem die Personalien geklärt sind, wissen die drei Reiter nicht so recht, was sie mit uns machen sollen. Wir haben ja kein Vieh geklaut, und wahrscheinlich haben sie auch mitbekommen, dass in der gegenüberliegenden Cordillera Blanca noch mehr von denen unterwegs sind, die mit Tragtieren in die Berge ziehen. Wir bekommen unsere Ausweise zurück, die *caballeros* machen sich ziemlich wortkarg von dannen. Allerdings reiten sie nicht ihren Weg zurück, sondern entfernen sich Richtung Süden. Bis Sonnenuntergang tauchen sie nicht mehr auf. Irgendwann ziehen wir uns in unsere Zelte zurück – aber am nächsten Morgen kann keiner von uns behaupten, gut geschlafen zu haben.

Besprechung beim Trekkingfrühstück: Welches ist die günstigste Route nach Norden?

2. Tag: Zu den Lagunas Huarancayoc

Auf dem schon am gestrigen Tage benutzten Fahrweg, der sich in sehr schlechtem Zustand befindet, geht es am nächsten Tag erst einmal etwas bergab. Der nächste Anstieg folgt sogleich, und bei Erreichen der Anhöhe sehen wir schon einige Seen. Unser Weg führt unterhalb des obersten Sees hindurch. Wieder ein Anstieg, und kurz darauf können wir in einer Senke unsere Zelte aufstellen.

3. Tag: Castillo Punta

Es ist ein ziemlich kalter Platz, und als wir unser Frühstück zubereiten fällt uns auf, dass die Sonne noch einige

Zeit benötigen wird, um unseren Platz zu erreichen. Aber der Platz ist auch schwer einzusehen. Ich sehe es daran, dass auf der anderen Seite der Senke ein Mann mit Esel auf einem schmalen Pfad ansteigt. Er hat uns nicht bemerkt, wie man aus seinen Bewegungen erkennen kann. Und dann streift sein Blick nur kurz über unser Lager; er hat uns entdeckt, läuft aber weiter, als ob er uns nicht bemerkt hätte. Ich gehe unseren Weg von gestern etwas zurück. Zum einen, weil ich sehen will, was der Fremde macht, zum anderen hatte ich am Vortag in der Nähe des Weges einen von Füchsen halb zerfressenen Esel gesehen. Was ich mir gedacht habe, bewahrheitet sich. Der Fremde hat sich hinter einem Felsbrocken versteckt und beobachtet uns. Vielleicht nicht in böser Absicht, aber wer weiß das schon. Statt den Esel zu suchen, gehe ich lieber zurück zum Lager und bereite unseren Aufbruch vor.
Erstes Ziel heute sind die Ruinen von **Castillo Punta**: ein Kegel mit den Resten eines Gebäudes. Es lohnt sich, die Ruine hinaufzusteigen; nicht wegen der Ruinen, sondern wegen des Blicks nach Osten. Von hier sieht man die gesamte Cordillera Blanca vom Nevado Taulliraju ganz im Süden bis zum Nevado Champará ganz im Norden. Und noch etwas: Am Nevado Copa ist mit bloßem Auge die erste Spur zu erkennen, die von Bergsteigern in der beginnenden Saison zum Gipfel dieses Berges gezogen wurde. Doch es kommt noch besser: Kurz vor Erreichen unseres Lagerplatzes sind noch die Reste eines alten Inkaweges zu erkennen.

4. Tag: Am Ostabfall der Cordillera Negra

Der Tag besticht dadurch, dass wir immer interessantere Details auf der gegenüberliegenden Talseite erkennen: Die Orte **Musho** und **Tumpa** beispielsweise, ersterer der bekannte Ausgangspunkt für die Huascarán-Besteigung, oder der Blick in die Entenschlucht bzw. auf den Nevado Artesonraju.

5. Tag: Puyas Raimondii in Sicht

Der Weg ist am heutigen Tag wieder schwerer zu finden, führt aber im Zweifel am Ostabbruch der Cordillera Negra entlang. Kleinere Anstiege versperren immer wieder die Sicht auf das, was uns noch erwartet. Überraschung dann, als wir eine Hangzeich-

An der Abzweigung nach Pampa-romas finden sich in 4200 m Höhe noch zahlreiche Puya Raimondii. Im Hintergrund die Huandoy-Gruppe.

nung von etwa 10 Metern Höhe entdecken, die wohl mit Steinen erstellt wurde. Bald danach kommen die ersten wunderschönen Puyas ins Blickfeld. Nicht weit davon wird der letzte Lagerplatz des zweiten Abschnitts aufgeschlagen.

Abreise

An der Straße ist der zweite Abschnitt der Tour beendet. Der Verkehr dort ist sehr dünn, und die Straße ist auch gelegentlich durch Erdrutsche unterbrochen. Wir gehen deshalb hinunter ins beschauliche Dörfchen Huata, ein anstrengender Abstieg über knapp 1500 Höhenmeter. Allerdings ist dort auch kein Gefährt aufzutreiben, das uns mitnehmen könnte. Wir müssen deshalb noch bis zum Río Santa absteigen; insgesamt sind es 2000 Höhenmeter. Klar, dass jeder seine Beine spürt. Für das, was wir erlebt haben, nehmen wir diese körperlichen Strapazen jedoch gerne in Kauf.

Tipp Wenn sich auf einer Trekkingtour ein Feldstecher lohnt, dann auf dieser. Es sind viele Dinge zu sehen, die vom Boden des Santa-Tales gar nicht zu erkennen sind, z. B die Llanganuco-Seen, die Laguna Parón, selbst der abseits gelegene Alpamayo kommt ins Blickfeld. Mit einem Fernglas sieht man alles noch besser!

Große Huayhuash-Rundtour

Anspruchsvoll und einzigartig: Chiquián – Carhuacocha – Huayhuash – Jahuacocha – Chiquián

16

anspruchsvoll | 140,5 km | 9–10 Tage

▶ **Tourencharakter:** Anspruchsvolle Rundtour zu einem der schönsten Gebirge Perus; steile Anstiege zu hohen Pässen; abgelegenes Puna-Gebiet; eisbedeckte Fünf- und Sechstausender auf engstem Raum.
▶ **Beste Jahreszeit:** Mai bis Mitte September.
▶ **Ausgangspunkt:** Chiquián.
▶ **Endpunkt:** Chiquián.
▶ **Landkarte:** IGN-Karte 21-i, Chiquián und 21-j, Yanahuanca.
▶ **Verkehrsanbindung:** Von Lima gibt es tägliche Busverbindungen nach Chiquián mit den Gesellschaften Tubsa und Transfysa. Von Huaraz fahren täglich Kleinbusse nach Chiquián.
▶ **Unterkünfte**: Übernachtungsmöglichkeiten in Huaraz und Chiquián (einfach).
▶ **1.Tag:** Chiquián – Llamac
▶ **2. Tag:** Llamac – Cuartel Huaim
▶ **3. Tag:** Cuartel Huaim – Carhuacocha
▶ **4. Tag:** Carhuacocha – Huayhuash
▶ **5. Tag:** Huayhuash – Guanacpatay
▶ **6. Tag:** Guanacpatay – Sauricocha
▶ **7. Tag:** Sauricocha – Jahuacocha
▶ **8. Tag:** Jahuacocha – Llamac
▶ **9. Tag:** Llamac – Chiquián

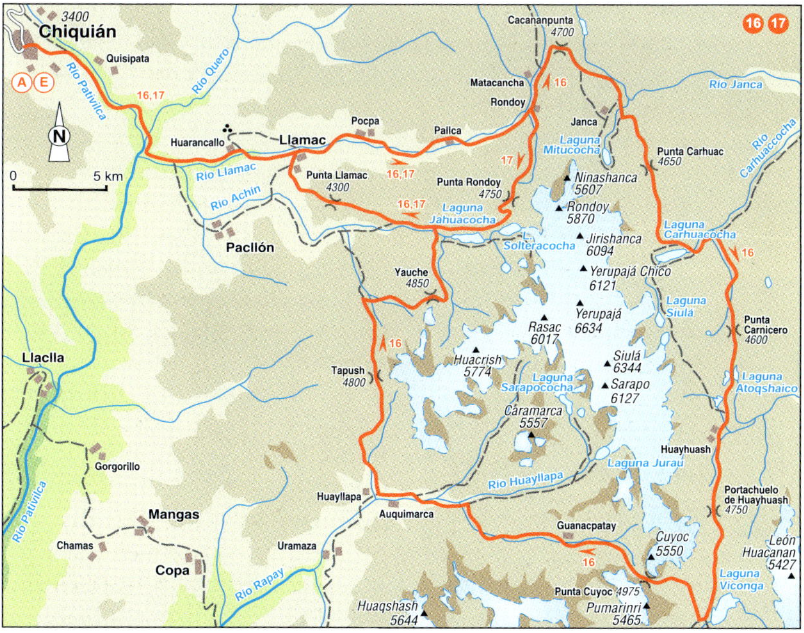

Unsere kleine Karawane zieht an der Kirche des Dorfes Pocpa vorbei. Das Leben hier in knapp 3500 Meter Höhe ist hart und entbehrungsreich.

Diese Rundtour kann vieles bieten, was man sonst nicht auf so engem Raum und in so kurzer Zeit erleben kann; vor allem ist es die außergewöhnliche Aussicht auf die dicht gedrängt stehenden Eisriesen. Die Cordillera Huayhuash hat einen Durchmesser von 30 Kilometern; auf diesem engen Raum sind aber mit dem Yerupajá (6634 m) der zweithöchste Berg Perus und weitere schwierig zu besteigende Sechstausender zu finden. Außergewöhnlich in ihrer Form sind auch die Berge Jirishanca (6094 m), Siulá (6344 m), Trapecio (5644 m), Sarapo (6127 m) und Puscanturpa (5442 m). An den beiden Lagunas Carhuacocha und Jahuacocha sollte man angesichts der grandiosen Rundsicht Ruhetage einplanen.

Der Wegverlauf

1. Río Pativilca und Río Llamac

Von Chiquián führt der Weg links am Friedhof vorbei hinunter ins Tal des Río Pativilca. Auf älteren Landkarten ist auf der rechten Seite des Flusses noch eine Fahrstraße eingezeichnet mit

16

einem Übergang weiter talabwärts. Diese Straße wurde aber bald nach ihrer Fertigstellung von einem Hochwasser weggespült. Die erste Brücke führt zu dem kleinen Ort **Quisipata**. Hier ist die letzte Möglichkeit vor Llamac, Erfrischungsgetränke oder *chicha* (Maisbier) zu erstehen.
Heute geht der Weg wieder am Río Pativilca entlang, der weiter flussabwärts auf einer wiedererrichteten Brücke nach links überquert wird. Es folgt ein langer Anstieg, der durch verschiedene Vegetationszonen führt. Die wüstenähnliche, mit Kakteen bewachsene Landschaft wird weiter talaufwärts von kleinen Schatten spendenden Wäldern und Ackerland abgelöst. An einigen Stellen führt der Weg sehr hoch über dem Río Llamac entlang. Die Gipfel der Cordillera Huayhuash sind nicht mehr zu sehen. Erst auf der nächsten Tagesetappe kommen sie wieder ins Blickfeld des Wanderers. Nach stundenlanger Wanderung wird schließlich das Dorf Llamac erreicht, das in 3250 m Höhe liegt.

2. Tag: Nach Cuartel Huaim

Am nächsten Tag geht es weiter das Tal des Río Llamac aufwärts. Das kleine Dorf **Pocpa** wird durchquert; die ersten Berggipfel kommen wieder ins Blickfeld. Beim Orientierungspunkt **Rondoy** geht der Weg zum Jahuacocha-See (Kleine Huayhuash-Rundtour) ab, und bei Cuartel Huaim wird das nächste Nachtlager aufgeschlagen.

3. Tag: Anstieg zur Laguna Carhuacocha

Am dritten Tag steht der erste Passübergang auf dem Plan. Ich gehe etwas voraus, habe aber Schwierigkeiten, am Lagerplatz

Tagesetappen	Gehzeit	Entfernung	Anstieg	Abstieg
1. Chiquián (3400 m) – Llamac (3250 m)	8 Std.	19 km	500 m	650 m
2. Llamac (3250 m) – Cuartel Huaim (4150 m)	7 Std.	15,5 km	900 m	–
3. Cuartel Huaim (4150 m) – Carhuacocha (4100 m)	6 Std.	14,5 km	1100 m	1150 m
4. Carhuacocha (4100 m) – Huayhuash (4350 m)	5.30 Std.	13,5 km	500 m	250 m
5. Huayhuash (4350 m) – Guanacpatay (4500 m)	7.30 Std.	18 km	875 m	725 m
6. Guanacpatay (4500 m) – Sauricocha (4600 m)	8 Std.	19 km	1000 m	900 m
7. Sauricocha (4600 m) – Jahuacocha (4050 m)	5 Std.	11,5 km	400 m	950 m
8. Jahuacocha (4050 m) – Llamac (3250 m)	4.30 Std.	10,5 km	300 m	1100 m
9. Llamac (3250 m) – Chiquián (3400 m)	8 Std.	19 km	650 m	500 m
Total:			**6225 m**	**6225 m**

16

Cuartel Huaim, in früheren Zeiten ein beliebter Ort für das Nachtlager, den Anstieg zu finden. Die Steinmauern sind neu gesetzt; ein neues Gehöft ist entstanden. Ganz offensichtlich ist die Weidewirtschaft wieder lukrativ. Ich frage einen Hirten, die einzige Person, die ich zu Gesicht bekomme, nach dem Weg. Natürlich – dort drüben ist der Anstieg! Auf schmalen Pfaden und beim Blick nach unten habe ich Zeit, zurückzudenken an so manche Trekkingtour in dieser Kordillere.

Ich lasse mir Zeit, und am Passübergang **Cacananpunta** (4700 m) holen mich meine beiden Begleiter wieder ein. Gemeinsam legen wir den Rest der Tagesetappe bis zur Laguna Carhuacocha zurück. Früher lag der Zeltplatz an einer Grasterrasse oberhalb des Sees. Wir stellen fest, dass auch hier durch die starke Weidewirtschaft das kleine Flüsschen verdreckt ist, und beschließen, unten am See zu campieren. Von hier unten ist das Panorama überwältigend: nach Westen schauend erkennt man von rechts nach links: den Jirishanca (6094 m), den Yerupajá Chico (6121 m), den Hauptgipfel des Yerupajá (6634 m), zweithöchster Berg Perus, und den Siulá (6344 m).

Sonnenaufgang am Carhuacocha-See

Ein besonderes Naturerlebnis sind die Sonnenaufgänge an diesem See. Nach einem kurzen Morgengrauen lässt die aufgehende Sonne die Berge für wenige Minuten in Rot und Orange erscheinen – wenig später erstrahlen sie dann schon in gleißendem Weiß. Manchmal ist am Morgen auch das Tal, in dem der Carhuacocha-See liegt, bis in Höhe des früheren Zeltplatzes mit Nebel gefüllt. Erst nach und nach lösen sich die Nebelschwaden auf und geben den Blick auf den See frei. Um dieses Naturschauspiel bewundern zu können, muss man früh aufstehen. Um halb sieben Uhr ist alles schon vorbei.

4. Tag: Orientierungspunkt Huayhuash

Auch am nächsten Tag gehe ich voraus, während meine Begleiter die Zelte abbrechen und den Esel beladen. Während des Anstiegs zum nächsten Pass bemerke ich unten im Tal mehrere Reiter, die sich sammeln. Später erfahre ich von Abraham, einem meiner Begleiter, dass die Reiter einen vermissten Familienangehörigen suchen wollen. Es geht um Viehdiebstahl und um Streite-

16

reien zwischen verfeindeten Familien. Noch Stunden später kann ich die Reiter an den der Cordillera zugewandten Hängen beobachten. Traditioneller Lagerplatz auf der heutigen Etappe ist der Orientierungspunkt **Huayhuash**. Ein Gewitter zieht auf, und wir schaffen es gerade noch, die Zelte aufzubauen. Es donnert und blitzt gewaltig. Meine Begleiter äußern derweil andere Bedenken. Ein paar Männer in der Nähe machen einen nicht gerade Vertrauen erweckenden Eindruck. Stunden später, ich schlummere längst im warmen Schlafsack, wird tatsächlich versucht, unser Tier zu stehlen. Abraham und Fidencio merken es, sind sofort aus dem Zelt hinaus und schlagen die Diebe in die Flucht.

5. Tag: Zum höchsten Pass

Auf der fünften Tagesetappe geht es gleich wieder bergan zum nächsten Passübergang, der Portachuelo de Huayhuash (4750 m). Zur Linken kommt jetzt eine weitere Gebirgsgruppe, die Cordillera Raura, ins Blickfeld. Rechts des Weges erscheint der Nevado Puscanturpa (5430 m). Nach drei Stunden Gehzeit ab Lagerplatz Huayhuash ist dann die große **Laguna Viconga**, 4400 m hoch gelegen, erreicht. Diese entwässert zum Río Pativilca und damit zu den Zuckerrohrfeldern an der Küste. Ein schöner Wanderweg führt oberhalb der Laguna entlang. Der schwerste Teil des Trekkingtages steht uns aber noch bevor – der Anstieg zur

Der Jirishanca (6094 m) ist nicht der höchste, aber einer der beeindrucken sten Gipfel der Cordillera Huayhuash.

Unser Weg führt direkt zur Lagune Viconga. Das Wasser dieses aufgestauten Sees dient zur Bewässerung der großen Zuckerrohrplantagen an der Küste.

Punta Cuyoc, die fast 5000 m hoch liegt. Wieder überraschen uns Graupelschauer, in dieser Jahreszeit etwas Ungewöhnliches. Unter einem Felsvorsprung finden wir Schutz, und nach einer halben Stunde nehmen wir den Schlussanstieg zum Passübergang in Angriff. Dort können wir dann die Hauptgipfel der Huayhuash-Gruppe aus südlicher Sicht bewundern. Es folgt ein steiniger Abstieg, und nach einer halben Stunde erreichen wir endlich den Lagerplatz in der Ebene **Guanacpatay**.

6. Tag: Steiler Abstieg nach Huayllapa

Der folgende Tag wartet mit einer Besonderheit auf, die manche sehr, andere weniger schätzen: Es geht ausschließlich bergab. Nach einer halben Stunde sehe ich in einer Umfriedung ein neugeborenes Vicuña. Ein seltenes Glück ist es schon, diese wilde Lamaart in freier Natur überhaupt beobachten zu können. Weit und breit ist kein Mensch zu sehen, und ich weiß nicht, wem das Tier gehören könnte. Vermutlich haben es die Bauern in den umliegenden Hügeln gefunden und hierher gebracht. Meine Begleiter haben einen Weg weit unten im Tal gewählt, sodass ich sie noch nicht einmal darauf aufmerksam machen kann.

Nach einer weiteren Stunde erreichen wir eine Steilstelle nahe eines Wasserfalls. Aus Sicherheitsgründen nehmen die Tragtiere

16

für den Abstieg hinunter ins Huayllapa-Tal einen anderen Weg. Wer nicht schwindelfrei ist, sollte diese Variante gehen. Die Temperatur steigt merklich an, die Böden werden intensiver bewirtschaftet, und es sind mehr Menschen auf den Feldern zu sehen. Wir beschließen, in dem Dorf **Huayllapa** bei Bekannten von Abraham zu übernachten. Nach eineinhalb Stunden Gehzeit sind wir schließlich dort.

Auch hier kann man sich heute ohne Angst über die Zeit des Terrorismus unterhalten. Nein, höre ich, hier konnten »sie« nicht Fuß fassen. Die Gründe sind klar: Den Dorfbewohnern geht es verhältnismäßig gut. Dies lässt sich schon daran erkennen, dass auf den Dächern statt Stroh Wellblech liegt, und dass die Bewohner statt der »Yankees« (Billigsandalen aus gebrauchten Autoreifen) festes Schuhwerk tragen. Die Einkünfte stammen aus der Landwirtschaft und der Viehzucht; der schmackhafte Käse lässt sich über Cajatambo schnell nach Lima bringen und dort gut verkaufen.

7. und 8. Tag: Von Huayllapa zum Jahuacocha-See

Am nächsten Tag verlassen wir das kleine Huayllapa und nehmen den schweren Anstieg zur **Punta Tapush** (4800 m) in Angriff. Aber erst am darauf folgenden Tag, nach Überschreiten des Passes Yauche (4800 m), haben wir diesen großartigen Blick auf die Westseite der Cordillera Huayhuash. Auch hier überrascht mich, wie stark die Weidewirtschaft im Vergleich zu den vergangenen Jahren zugenommen hat.

Wir gehen aber direkt weiter nach Llamac. Auch hier sind Zeichen des Fortschritts zu erkennen: Ein Bewässerungskanal wird hoch über der Quebrada Pacllón gebaut. Zweieinhalb Stunden hinter Jahuacocha ist schließlich der letzte Pass, die **Punta Llamac**, nur noch 4300 m hoch, erreicht. Von hier folgt ein steiler und beschwerlicher Abstieg hinunter zum Dorf Llamac. Wir essen in Abrahams Haus, wo wir mit einer ganzen Menge peruanischer Probleme auf einmal konfrontiert sind: Erwachsene und Kinder leben mit Haustieren wie Schweinen, Hühnern, Hunden und Meerschweinchen auf engstem Raum. Wer ein Bett hat und nicht auf dem Boden schlafen muss, kann sich glücklich schätzen.

Tipp Wer zum erstenmal hierher kommt, sollte am südlichen Ufer des Jahuacocha-Sees auf jeden Fall einen Ruhe- und Schautag einlegen.

16

An der Ostseite der Cordillera Huayhuash taucht der Eiszahn Jirishanca aus den Wolken auf. Welch ein wunderbarer Anblick!

9. Tag: Schlusspunkt in Chiquián

Die letzte Tagesetappe ist auf dem ersten Abschnitt wieder eine schöne Wanderung, die nur bergab führt. Bald schon wird der Orientierungspunkt Huarancallo erreicht. Hier, in etwa 3000 m Höhe, wurden bei einer früheren Tour unsere Tragtiere in der Nacht von Vampir-Fledermäusen angefallen. Der Biss der Blutsauger ist für die Tiere meist schmerzfrei – für den Betrachter ist es aber kein schöner Anblick, Rücken und Hals eines derart zugerichteten Esels zu sehen. Nach Überquerung des Río Pativilca folgt der Schlussanstieg über 600 Höhenmeter hinauf zum Ort Chiquián. Angesichts der zurückliegenden Anstrengungen ist dies nun wirklich kein ernst zu nehmendes Problem mehr.

Kleine Huayhuash-Rundtour

17

Der Eiszahn Jirishanca grüßt aus nächster Nähe: Chiquián – Jahuacocha – Chiquián

anspruchsvoll | km 72,5 km | 5 Tage

▶ **Tourencharakter:** Abgespeckte Variante der großen Rundtour; die Höhepunkte der Westseite sind zu sehen; auch in der Kurzvariante eine schwere Tour.
▶ **Beste Jahreszeit:** Mai bis Mitte September.
▶ **Ausgangspunkt:** Chiquián.
▶ **Endpunkt:** Chiquián.
▶ **Landkarte:** IGN-Karte 21-i, Chiquián und 21-j, Yanahuanca.
▶ **Verkehrsanbindung:** Von Lima gibt es tägliche Busverbindungen nach Chiquián mit den Gesellschaften Tubsa und Transfysa. Von Huaraz fahren täglich Kleinbusse nach Chiquián.
▶ **Unterkünfte**: Übernachtungsmöglichkeiten in Huaraz und Chiquián (einfach).
▶ **1.Tag:** Chiquián – Llamac
▶ **2. Tag:** Llamac – Rondoy
▶ **3. Tag:** Rondoy – Jahuacocha
▶ **4. Tag:** Jahuacocha – Llamac
▶ **5. Tag:** Llamac – Chiquián

Diese Tour ist mit der vorher beschriebenen Großen Huayhuash-Rundtour wie folgt identisch: Vom Ausgangspunkt Chiquián bis zum Orientierungspunkt Rondoy und vom Jahuacocha-See zurück nach Chiquián. Auf dieser Trekkingtour ist nur die Westseite der Cordillera Huayhuash zu sehen; der gesamte Ost- und Südbereich wird nicht erfasst. Auch wenn nur zwei Pässe überschritten werden, so sind die täglichen Höhenunterschiede, die überwunden werden, beträchtlich. Wie die vorhergehende ist auch diese Tour als schwierig einzustufen.

Der Wegverlauf

1. Tag: Über den Río Pativilca nach Llamac

Jede Huayhuash-Tour beginnt eigentlich ganz angenehm! Nur ein paar Schritte vom Hauptplatz in Chiquián entfernt zeigt sich die

Tagesetappen	Gehzeit	Entfernung	Anstieg	Abstieg
1. Chiquián (3400 m) – Llamac (3250 m)	8 Std.	19 km	500 m	650 m
2. Llamac (3250 m) – Rondoy (4000 m)	5.30 Std.	13,5 km	750 m	–
3. Rondoy (4000 m) – Jahuacocha (4050 m)	5–6 Std.	10,5 km	750 m	700 m
4. Jahuacocha (4050 m) – Llamac (3250 m)	4.30 Std.	10,5 km	300 m	1100 m
5. Llamac (3250 m) – Chiquián (3400 m)	8 Std.	19 km	650 m	500 m
Total:			2950 m	2950 m

17

Cordillera Huayhuash bereits in ihrer ganzen Schönheit. Und – es geht erst einmal bergab. Tief unten im Tal fließt der Río Pativilca in westlicher Richtung zum Pazifik. Es ist ein fruchtbares Gebiet, das durchschritten wird.

Spätestens beim Überqueren des **Río Pativilca** ist der angenehme Teil der Tour zu Ende. Es geht aufwärts! Die Brücke über den Fluss befindet sich in nur 2750 m Höhe. Entsprechend heiß ist es, und der Anstieg wird zu einer schweißtreibenden Angelegenheit. Ab und zu bietet ein kleines Wäldchen Schatten und lädt zu einer der notwendigen Verschnaufpausen ein. Bald darauf ist die Landschaft wieder wüstenhaft; hohe Kakteen, weitausladende Agaven und unangenehmes Dornengestrüpp säumen den Weg links und rechts.

Nach vielen Stunden ist es dann soweit – Llamac ist erreicht. Die Häuser sind ausnahmslos aus Lehmziegeln gebaut, eine kleine, schiefe Kirche bildet den Mittelpunkt des Dorfes. Haupterwerb für die Bewohner ist die Landwirtschaft. Etwas Abwechslung und zusätzliche Einkünfte gibt es in der Trekkingsaison. Die meisten *arrieros*, die auf den Huayhuash-Rundtouren unterwegs sind, stammen aus Llamac. Trotzdem hält auch hier die Landflucht an. Die jungen Dorfbewohner sehen für sich eine Zukunft eher in Städten wie Chiquián, Chimbote oder Lima. Jeder schlecht bezahlte Aushilfsjob an der Küste hat einen höheren Prestigewert, als das Leben im »rückständigen« Hochland.

Steil führt der Weg vom Passübergang Rondoy hinunter zum Solteracocha-See. Ein Abstieg, der hohe Anforderungen an Trekker und Tragtiere stellt.

2. Tag: Von Llamac nach Rondoy

Der Weg aus dem Ort Llamac bis zu dem Dorf Pocpa gleicht dem des Vortages. Das Land wird landwirtschaftlich stark genutzt, das Tal aber zunehmend enger, und hinter Pocpa überwiegen die Weideflächen. Man merkt, Viehzucht ist wieder ein Geschäft. Anfang der Neunzigerjahre war durch den so genannten »Shock« des gerade angetretenen Präsidenten Fujimori (Aufhebung der Subventionen und Frei-

17

gabe der Preise für Lebensmittel) der Markt für Fleischprodukte zusammengebrochen. Heute ist die Nachfrage nach den schweren Rindern wieder lebhaft.
In der Nähe der Abzweigung ins **Rondoy-Tal** ergeben sich gute Zeltmöglichkeiten. Wegen der Viehbestände sollte nach einem Seitenfluss mit sauberem Wasser Ausschau gehalten werden. Die Nächte sind angesichts 4000 m Höhe sehr kalt.

3. Tag: Von Rondoy nach Jahuacocha

Nachdem es die letzten beiden Tage in östliche Richtung ging, führt uns das Rondoy-Tal jetzt nach Süden. Der Anstieg führt zunächst ohne einen sichtbaren Pfad über Ichu-Gras. Später sollte dann auch ein Weg zu finden sein. Greifbar nahe erscheinen die Berge Ninashanca (5607 m) und Rondoy (5870 m).

Tipp An den steilen Hängen der Berge Ninashanca und Rondoy nisten Kondore. Nicht selten sieht man sie im Tal, den Aufwind nutzend, ihre Kreise ziehen.

Der »Eiszahn« Jirishanca (6094 m) und der zweithöchste Berg Perus, der Yerupajá (6634 m), kommen bald in Sicht. Am Passübergang **Punta Rondoy** (4750 m) zeigt sich dann der tief im Tal gelegene Solterasocha-See. Gehzeit Rondoy – Punta Rondoy: 2 ½ bis 3 Stunden.
Der Abstieg zum Solteracocha-See ist steil. Etwas oberhalb des Sees führt dann der Weg zum weiter talabwärts gelegenen Jahuacocha-See. An dessen unterem Ende wird gewöhnlich gezeltet. Gehzeit Punta Rondoy – Jahuacocha: 3 ½ Stunden.
Besonders beeindruckend sind der Nevado Jirishanca und die Westseite des Nevado Yerupajá. Dessen 1100 m hohe Eiswand gilt als bergsteigerischer Leckerbissen. Schon viele Seilschaften haben sich an ihr versucht – nur die wenigsten sind bis zum Gipfel gekommen. Einige Bergsteiger liegen unterhalb des Gletscherabbruchs im ewigen Eis begraben. Meist wurden sie von abbrechenden Wächten, die weit nach Westen überhängen, in die Tiefe gerissen.

4. Tag: Vom Jahuacocha-See nach Llamac

Der erste Teil des Weges führt über federnden Grasboden leicht talabwärts. Bald schon folgt der Anstieg zum Pass Punta Llamac. Der Weg, der stetig ansteigend über dem **Río Achin** aufwärts führt, scheint am steilen Hang zu kleben. Kleine Quenualwälder

17

werden durchschritten, und nach einem kurzen und steilen Anstieg ist der Passübergang (4300 m) erreicht. Der Abstieg hinunter nach Llamac ist mindestens genauso schwer wie der Anstieg.

Spitze Steine und Dornengestrüpp lassen ein einfaches Hinunterlaufen nicht zu. Zumindest bleibt das Ziel, das Dorf Llamac, immer im Auge. Auf der gegenüberliegenden Talseite ist anschaulich zu sehen, auf welch steilem Gelände noch Weizen angebaut wird.

Entlang des hochgelegenen Jahuacochasees sind noch zahlreiche der knorrigen Quenualbäume zu finden.

Auch Llamac wurde vor Jahren einmal von den Terroristen besetzt. Gesprächsstoff genug für uns wie für die Familie, bei der wir übernachten. Dass sich der *Sendero Luminoso* hier nie festsetzen konnte, lag auch an der ausgeprägten Freude der Bewohner am Feiern ihrer lokalen Feste. Dem *Sendero Luminoso* waren die tagelangen Feiern mit viel Alkohol und noch mehr Maisbier und den auf den Straßen herumliegenden Alkoholleichen ein Dorn im Auge. Geändert hat sich also nichts – die Feste werden immer noch aufwändig vorbereitet, unter Beteiligung aller Bewohner durchgeführt und dauern meist tagelang.

5. Tag: Rückkehr nach Chiquián

Wie beim Anmarsch ist auch bei der Rückkehr der erste Teil der Tagesetappe am angenehmsten. Die Landschaft, Flora und Fauna lassen sich noch einmal in vollen Zügen genießen. Nach Überschreiten des Río Pativilca kündigen einige kleinere Steigungen schon den großen Schlussanstieg an. Mehr als 650 Höhenmeter erfordern noch einmal die ganze Anstrengung, aber dann ist es schließlich geschafft. Unvermittelt tauchen hinter einigen Eukalyptusbäumen die ersten Häuser der Stadt Chiquián auf. Nicht alle, aber einige Segnungen der Zivilisation sind hier wieder zu haben. Und vor allem beginnt hier wieder die Rückkehr nach Huaraz oder Lima.

Tambo Machay – Pisac

18

Ins Heilige Tal der Inka:
Tambo Machay – Qorimarca – Pisac

leicht	20 km	1 Tag	

▶ **Tourencharakter:** Leichte Eingehtour zu zwei bedeutenden Stätten der Inkakultur.
▶ **Beste Jahreszeit:** Mai bis Mitte September.
▶ **Ausgangspunkt:** Tambo Machay (Cuzco).
▶ **Endpunkt:** Pisac.
▶ **Landkarte:** Camino Inka, Mapa Topografico y Turístico (in Cuzco erhältlich)
▶ **Verkehrsanbindung:** Reger Kleinbusverkehr zwischen Cuzco und Pisac.
▶ **Unterkünfte:** Übernachtungsmöglichkeiten in Cuzco und Pisac.
▶ **1. Tag:** Cuzco – Pisac

Tambo Machay ist eine der meistbesuchten Sehenswürdigkeiten Cuzcos. Nur wenige Meter davon entfernt beginnt eine interessante Tour über zwei Bergrücken ins Heilige Tal der Inka.

Anfahrt

Auch das noch! Kurz vor unserer Abfahrt von Huaraz nach Lima erfahre ich, dass Streikende die Panamericana bei Lima blockieren wollen. Eine Kurzumfrage bei Leuten, die glauben Bescheid zu wissen, ergibt jedoch nichts Genaues. Von »Halb so schlimm« bis »Die Strecke wird mindestens drei Tage gesperrt sein« wird jede Variante angeboten. Wir wollen es drauf ankommen lassen, schließlich steht ein längst fälliger Besuch in Cuzco an.
Der Bus der Gesellschaft »Cruz del Sur« ist an diesem Abend nur schwach besetzt. Wir können uns die Plätze aussuchen, unsere Beine ausstrecken und versuchen, bis Lima zu schlafen. So klappt es dann auch, und wir werden erst wieder geweckt, als der Bus steht. Das Licht geht an, die Busbegleiterin erklärt uns, dass die Panamericana blockiert sei, alle müssten aussteigen. »Also doch«, denke ich mir. Es ist 4.30 Uhr in der Frühe, wir sind in einem der nördlichen Vororte Limas, es ist stockdunkel und

Tagesetappen	Gehzeit	Entfernung	Anstieg	Abstieg
1. Tambo Machay (3800 m) – Pisac (2970 m)	6–7 Std.	20 km	600 m	1430 m
Total:			**600 m**	**1430 m**

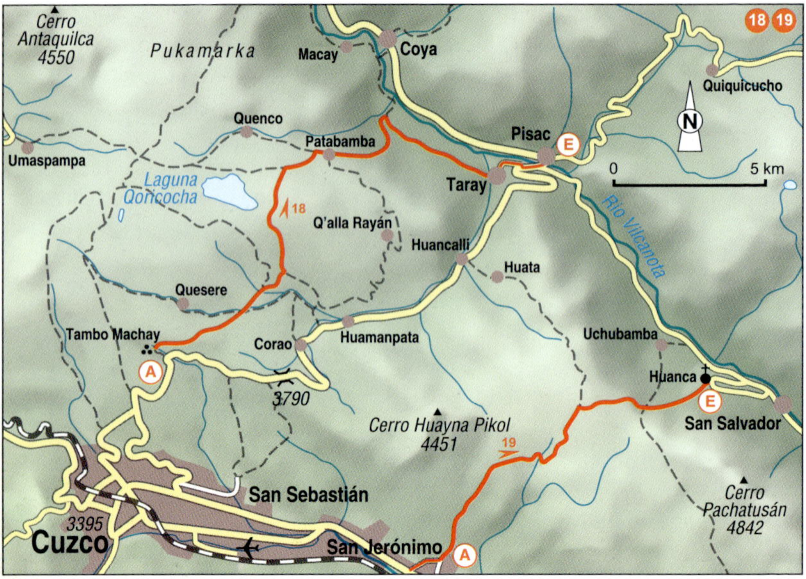

neblig dazu. Es ist klar, wenn wir hier nicht gleich wegkommen, dann geraten wir geradewegs in den Strudel solcher Blockaden – bei Hunderten von Bussen, die in die Hauptstadt wollen, kann die Polizei die Sicherheit der gestrandeten Reisenden schnell nicht mehr garantieren.

Ich bemerke ein Taxi, das aus einer Seitenstraße gekommen ist und dessen Fahrer sich schon mit einigen Interessenten unterhält. Ich eile hinzu und merke schnell, dass sich die Taxipreise bei einer Straßenblockade im Nu vervielfachen. Für 25 Soles will der Taxifahrer bis zum Flughafen fahren. Teuer für Peru, aber für europäische Verhältnisse immer noch billig. Ich willige ein, da dies womöglich die letzte Chance ist, zum Flughafen zu kommen. Der Fahrer fährt auf unbefestigten Nebenstraßen durch selbst mir unbekannte Vororte der Hauptstadt. Bald erreicht er eine asphaltierte Straße und lässt an der ersten Tankstelle für 2 Dollar bei laufendem Motor auftanken. Offensichtlich meint er, den hohen Fahrpreis durch hohe Geschwindigkeit kompensieren zu müssen. Er rast durch die glücklicherweise menschenleeren Straßen zum Flughafen. Es ist 5 Uhr, als wir unser Gepäck aus dem Taxi laden.

18

Vor der Eingangshalle des Inlandsterminals werden Flugtickets verkauft. »Zweimal Cuzco einfach mit LanPeru um 6 Uhr«, sage ich und halte wenig später schon die Tickets in meinen Händen. Weiter zum Check-in. Eine lange Schlange vor dem Schalter erfordert etwas Geduld, aber dann ist auch das Gepäck aufgegeben. Schnell noch die Flughafengebühr für Inlandsflüge zahlen; kaum haben wir die Kontrollen passiert, wird unser Flug schon aufgerufen. Es ist jetzt zwanzig Minuten vor 6 Uhr, und vier Minuten vor der Zeit dockt die Maschine schon ab.

An der Startposition müssen wir noch kurz warten – eine betagte Boeing 727 macht sich zuerst mit Getöse in nördliche Richtung auf den Weg. Dann sind wir an der Reihe – die Schubentfaltung unseres modernen Airbus 320 geht wesentlich leiser vor sich, nach zwanzig Sekunden ist die Maschine schon vom Boden weg und beschreibt kurz darauf die große Kurve nach Süden. Unter uns sieht man die Hauptstadt Lima mit den vorgelagerten Inseln, bald darauf werden die Anden von Huancavelica und Ayacucho überflogen. Es ist eine knappe Stunde Flug; bevor der Flieger die Reiseflughöhe verlässt, sind weit im Westen die Eisgipfel des Vulkans Coropuna zu erkennen. Wir überfliegen bereits Cuzco, aufgrund der niedrigen Wolkendecke wird der Flug noch etwas nach Südosten weitergeführt. Nach der großen Kehre geht die Maschine in nordwestliche Richtung in den verlängerten Landeanflug über und setzt wenig später auf der leicht geneigten Piste auf. Es ist gerade sieben Uhr, und vor zweieinhalb Stunden standen wir in Lima noch in einer Straßenblockade.

Nicht weit von den Inkastätten Tambo Machay und Puca Pucará (im Bild) beginnt der erste Anstieg dieser Tour.

Dass der Streik auch in Cuzco gilt, merken wir auf der Fahrt in die Stadt. An Kreuzungen und Fußgängerbrücken ist verstärkt die Polizei zu sehen; beim Denkmal für den Inkaherrscher Pachacutec wird unser Taxi von Demonstranten mit faulen Tomaten beworfen. Der Taxifahrer erfasst die Situation sofort, fährt

Bekannt durch Terrassenanlagen und Ruinen aus der Inkazeit. Pisac im Urubambatal.

eine Einbahnstraße in entgegengesetzter Richtung und hat das Problem elegant umgangen. Wenig später sind wir bei unserer Unterkunft, die dem Colegio Santa Rosa de Lima angeschlossen ist, angelangt. Auch hier sind die Auswirkungen des Streiks zu spüren – die Schule bleibt geschlossen, die gerade ankommenden Schüler werden nach Hause geschickt. Es ist jetzt 8 Uhr, und wie die Schüler haben wir noch einen ganzen freien Tag vor uns.

Der Wegverlauf

Ein Taxi bringt uns für 2 US-Dollar bis zu den Ruinen von **Tambo Machay**. Es ist noch früh am Morgen, und die allgegenwärtigen Händler von Lama- und Alpakasachen sind erst dabei, ihre Stände aufzubauen. Wir können uns deshalb in Ruhe die Inkastätte ansehen und gehen dann die wenigen Meter zurück zur asphaltierten Hauptstraße Cuzco – Pisac. Wir folgen der Straße Richtung Pisac für etwa einhundert Meter. Nach links geht jetzt ein erkennbarer Weg ab, der stetig ansteigt. Die Ruinen von **Puca Pucara** sind zu sehen, und mit jedem Meter Höhengewinn rückt die Stadt Cuzco mehr ins Blickfeld. Auf halbem Weg zur ersten

Anhöhe begegnet uns eine *campesina* (Landbewohnerin), die mit Blumen auf dem Weg nach Tambo Machay ist, um diese dort zu verkaufen. Wie viel die Blumen kosten, frage ich sie auf Ketschua. Sie versteht meine Frage nicht. Fidencio kann sich mit dem Huaraz-Ketschua ebenfalls fast nicht verständlich machen. Wir merken, wie groß der Unterschied zwischen diesen beiden Dialekten ist. Und man merkt auch den Unterschied zwischen dieser einfachen und bescheidenen Bauersfrau, die versucht, ein paar Blumen zu verkaufen und den noch eben bei Tambo Machay gesehenen cleveren Händlern aus Cuzco, die ihre Ware schon mit dem eigenen Auto transportieren. 100 Meter nach den Ruinen beginnt eben die peruanische Wirklichkeit!

Mit Erreichen der Anhöhe verzweigt sich der Weg. Wir folgen dem Weg nach rechts und bis zu einem der nächsten *quebradas* (Täler). Von dort führt ein etwas breiterer Weg hinunter zu dem Dorf **Qorimarca**. Im Ort stößt man auf eine Fahrstraße, der man talabwärts folgt. Die erste Brücke wird nach links überquert, gleich darauf geht es nach rechts auf der Fahrstraße weiter. Bei der ersten Linkskurve wird diese verlassen; man folgt dem schmalen Pfad am Rande des Flussbettes, dem dann bergauf gefolgt wird. Aufgrund der starken Vegetation im unteren Teil ist manchmal ein kleiner Umweg erforderlich; mit dem Höhengewinn lässt aber auch die Vegetation nach.

Vom Pass laufen wir nach links einen sichtbaren Weg, bis unten im Tal das Dorf Patabamba erscheint. Dorthin steigen wir ab. Der Weg führt direkt durch den Ort, der zwar elektrische Straßenbeleuchtung hat, sich ansonsten aber nicht viel von anderen Dörfern unterscheidet – die Häuser sind aus Lehm, und es gibt jede Menge Borsten- und Federvieh.

Der Weg führt jetzt steil hinunter, und nach einer Weile befindet man sich direkt über dem Urubamba-Tal, auf dessen rechter Seite bereits die Stadt **Pisac** zu erkennen ist. Am Talboden angelangt gehen wir neben großen Maisfeldern. Eine Fahrstraße führt ohne große Steigungen zum Ort **Taray**. Der Urubamba-Fluss wird auf einer kleinen Hängebrücke überquert. Auf der dahinterliegenden Straße erreichen wir bald Pisac.

Tipp In Cuzco benötigt man eine Sammeleintrittskarte für die wichtigsten Kirchen, Museen und Ruinenstätten. Diese Eintrittskarte, *boleto turístico* genannt, kostet 10 US-Dollar und wird auch für die Inkastätten Tambo Machay und in Pisac benötigt.

19 San Jerónimo – Señor de Huanca

Pilgerweg nahe Cuzco

mittel	15 km	1 Tag	

▶ **Tourencharakter:** Mittlere Eingehtour mit guten Aussichten auf Cuzco sowie das Urubamba-Tal. Endpunkt ist das Kloster von Señor de Huanca. Ein Pass in 4250 m Höhe.
▶ **Beste Jahreszeit:** Mai bis Mitte September.
▶ **Ausgangspunkt:** San Jerónimo.
▶ **Endpunkt:** Señor de Huanca.
▶ **Landkarte:** Camino Inka, Mapa Topografico y Turistico (in Cuzco erhältlich)
▶ **Verkehrsanbindung:** Von Cuzco häufige Verbindungen nach San Jerónimo. Von Sr. de Huanca nach Pisac etwas schwieriger, eine Transportmöglichkeit zu finden; ab Pisac dann wieder gute Verbindungen nach Cuzco.
▶ **Unterkünfte**: Übernachtungsmöglichkeiten in Cuzco und Pisac.
▶ **1.Tag:** San Jerónimo – Señor de Huanca

Der Weg nach Señor de Huanca ist breit und gut zu finden und wird auch heute noch von Gläubigen auf der Wallfahrt zum Heiligtum im Urubamba-Tal benutzt.

Steil, aber gut zu begehen: Der Weg hinunter nach Señor de Huanca.

Tagesetappen	Gehzeit	Entfernung	Anstieg	Abstieg
1. San Jerónimo (3260 m) – Señor de Huanca (3200 m)	5–6 Std.	15 km	990 m	1050 m
Total:			**990 m**	**1050 m**

Anfahrt

19

Nach San Jerónimo fahren zwei unterschiedliche Linien. Eine bedient die Stadt nur auf der Hauptstraße; die andere Linie fährt direkt zur *plaza*. Da dort die Trekkingtour beginnt, müssen wir zunächst auf ein Fahrzeug warten, dass den Zusatz »chaska« in der Windschutzscheibe führt. Bald kommt auch eines dieser *combis* vorbei, und die letzten beiden Plätze werden an uns vergeben.

Es ist zu dieser frühen Stunde auch stadtauswärts etwas los, Schulkinder in ihren weiß-grauen Uniformen steigen ein und aus, da es keine festen Haltestellen gibt, hält der Fahrer das Gefährt nach Zuruf an jeder Straßenecke. Wir fahren jetzt über eine große *plaza,* und eine Rückfrage bei anderen Mitfahrern ergibt, dass wir San Jerónimo erreicht haben. Nach dem Kommando *»bajan en la esquina«* hält der Kleinbus, und wir befinden uns direkt vor der Kirche des kleinen Städtchens.

Der Wegverlauf

Zum Heiligtum Señor de Huanca

Bevor wir auch nur losgehen können, macht uns ein Blick nach oben klar, dass wir uns in der Einflugschneise des Flughafens Cuzco befinden. Ein Boeing donnert mit bereits ausgefahrenem Fahrwerk über unsere Köpfe hinweg. Das wollen wir uns von oben anschauen. Rechts von der Kirche führt ein Weg bergauf, der schon bald darauf das Wasserreservoir der Stadt erreicht. Ein deutlich sichtbarer Weg kreuzt im Verlauf des weiteren Anstiegs einen Fahrweg. Bald schon bewegen sich die nächsten anfliegenden Maschinen auf unserer Höhe, und mit jedem weiteren Meter Höhengewinn ist mehr von der Stadt Cuzco zu erkennen. Natürlich kommt auch die lange Start- und Landebahn ins Blickfeld, sodass man sich bei jeder Pause die Start- und Landemanöver zu Gemüte führen kann. Und dabei kann man auch überlegen, wie lange wohl noch die Flugzeuge in diesem engen Hochtal landen werden. Der Flughafen werde nach Chinchero verlegt, konnte man in der peruanischen Presse lesen. Aber vor 20 Jahren sollte der Flughafen schon einmal nach Anta in der Nähe von Chinchero verlegt werden, was letztlich nicht geschah.

Fiestas patronales

werden in Peru die Feste zu Ehren der Dorfheiligen genannt. Ein Fest beginnt, um es genau zu nehmen, mit dem Ende des vorherigen. Dann nämlich werden die Verpflichtungen für das nächste Jahr festgelegt mit dem Ziel, ein noch besseres Fest auszurichten.

Das Fest selbst beginnt am Vorabend mit der *víspera*, einer kirchlichen Feier. Danach treffen sich Familien und Gruppen von Freunden auf dem Hauptplatz *(Plaza de Armas)*. Dort beginnt die Abendveranstaltung mit Musik und Gesang, mit typischen Gerichten und Getränken.

Wichtigstes Ereignis des Haupttages ist die Teilnahme an der Messe. Der *mayordomo*, eine Art Hauptmann und Ausrichter der Feier, zieht in seinen besten Kleidern in die Kirche ein. Der Pfarrer liest die Messe im Zweifel auch auf Ketschua. Der Kirchenraum ist berstend voll, die Indigenas sitzen auch auf dem Boden; von den umherlaufenden Hunden nimmt niemand Notiz. Nach der Messe und dem Umzug mit dem Bildnis des Dorfheiligen um die *plaza* wird meist ein Feuerwerk *(castillo de fuego)* abgebrannt. Wenn die Rauchschwaden verweht sind, geht es zurück zum Haus des *mayordomo*. Nach einigen Stärkungen in Form von Essen und Trinken, begeben sich die geladenen Gäste mit ihm auf den Rundgang durch das Dorf. Vor den Häusern von Freunden und Bekannten spielt die meist für mehrere Tage verpflichtete Musikgruppe auf; Geige und Harfe sind im Hochland als Instrumente immer dabei. Die so Beehrten revanchieren sich mit Hochprozentigem, für den, zumindest auf dem Lande, meist nur ein Glas zur Verfügung steht. Diese Besuche ziehen sich über Stunden hin und erfordern eine gewisse Kondition. Wenn ein Dorf etwas auf sich hält, steht am Nachmittag noch der Stierkampf auf dem Programm. Allerdings nicht auf die Art wie in Spanien, vielmehr werden die Stiere in die Arena gelassen, und die Besucher können ihren Mut beweisen, indem sie sich mit einem Poncho als *torero* versuchen.

Ein *mayordomo* spart meist jahrelang, macht Schulden oder verkauft Vieh, um mit einer gelungenen Veranstaltung in der Erinnerung der Dorfbewohner und der Gäste zu bleiben.

Wer als Ausländer vom *mayordomo* eine Einladung erhält, sollte sich der besonderen Wertschätzung bewusst sein. Und sollte einige Dinge beachten: Zwar darf man bei den Umzügen durch den Ort und bei der Prozession in der ersten oder zweiten Reihe hinter ihm laufen. Es wird aber auch erwartet, dass man einen wirtschaftlichen Beitrag zum Gelingen des Festes leistet: Ein Hammel oder einige Kästen Bier werden schon erwartet; von einem Ausländer wird auch gerne Geld angenommen. Bitte beachten: Bei der Prozession wird von den Anwesenden, sofern männlich, erwartet, dass sie den *sombrero* abnehmen.

Rechte Seite: Die Kirche des »Herrn von Huanca«. Hauptereignis jedes Jahr ist die große Wallfahrt am 14. September.

Wir haben in der Zwischenzeit eine Anhöhe erreicht, von der Cuzco und einige Details der Stadt wie die Festung **Sacsayhuaman** zu sehen sind. Wir machen eine Rast und genießen die Aussicht, auch weil jetzt schon zu erkennen ist, dass Cuzco bald aus dem Blickfeld verschwinden wird.

Eine kleinere Siedlung mit dem Namen **Huaccoto**, oder auch Waqoto geschrieben, kommt in Sicht. Der Weg führt steil direkt durch das kleine Dorf. Es folgt jetzt der Schlussanstieg zum Pass. Das angenehme Gehen über Wiesen und Weiden wird leider durch einsetzenden Regen getrübt. Wir halten uns deswegen am

Blick vom Pachacutec-Turm: Die dichte Bebauung Cuzcos geht bald in Naturlandschaft über.

Pass auch nicht lange auf und nehmen den steilen Abstieg in Angriff. Kurz darauf bietet sich dann schon ein wunderbarer Blick hinunter ins Urubamba-Tal. Etwas zur Rechten erkennen wir auch schon die Kirche des Wallfahrtsortes **Sr. de Huanca**.

Der Weg ist gut ausgebaut, sodass er gut zu begehen ist. Schließlich müssen 1000 Höhenmeter wieder abgestiegen werden. Die Vegetation wird wieder reicher, und schließlich nähern wir uns der Kirche von der Bergseite. Es ist ein Wochentag und deshalb ist zuerst kein Mensch zu sehen. In der Kirche verlieren sich dann auch nur wenige Gläubige.

Wir haben unser Ziel erreicht, aber wie kommen wir hier wieder weg? Bis nach Pisac wollen wir nicht mehr laufen. Wie der Zufall es will, kommt nach einiger Zeit ein Taxi vorbei, das jemanden hierher gebracht hat. Schnell sind wir uns mit dem Fahrer einig und kurz darauf sind wir auf dem Weg nach Pisac. Direkt an der Urubamba-Brücke lässt er uns raus; und wenige Minuten später sitzen wir im Bus nach Cuzco.

Tipp Einen ebenfalls guten Blick auf Cuzco hat man vom Denkmal zu Ehren des Inka Pachacutec. Das Denkmal liegt auf dem Weg zum Flughafen; man kann von der Innenstadt bequem hinlaufen oder sich mit dem Taxi hinfahren lassen. Neben einer Ausstellung im Innern des Turms über den Inkaherrscher und seine Zeit kann man von der Aussichtsplattform die Stadt aus einem anderen Blickwinkel betrachten.

Inkaweg nach Machu Picchu

Über eine Himmelsleiter zum Sonnentor: Km 82 – Machu Picchu

20

mittel	34,0 km	4 Tage

▶ **Tourencharakter:** Ruinen aus der Inkazeit und der vor Jahren wieder freigelegte Inkaweg; eine beeindruckende Landschaft und die weltbekannte Ruinenstadt Machu Picchu; seit Jahrzehnten die bekannteste und beliebteste Trekkingtour in Südamerika.
▶ **Beste Jahreszeit:** Mai bis Mitte September.
▶ **Ausgangspunkt:** Km 82.
▶ **Endpunkt:** Machu Picchu.
▶ **Landkarte:** Camino Inka, Mapa Topografico y Turistico (in Cuzco erhältlich).
▶ **Verkehrsanbindung:** Von Cuzco mit Bussen zum km 82. Von Machu Picchu mit Bussen nach Aguas Calientes; von dort mit dem Zug bis Ollantaytambo und weiter mit Bussen nach Cuzco. (Von Cuzco bis km 82 und von Aguas Calientes bis Ollantaytambo ist der Transport normalerweise im Preis der Trekkingtour enthalten).
▶ **Unterkünfte**: Übernachtungsmöglichkeiten in Cuzco, Wiñay Wayna, Machu Picchu und Aguas Calientes.
▶ **1.Tag:** Km 82 – Llulluchapampa
▶ **2. Tag:** Llulluchapampa – Pucaymayo
▶ **3. Tag:** Pucaymayo – Wiñay Wayna
▶ **4. Tag:** Wiñay Wayna – Machu Picchu

Die große Beliebtheit des Inkawegs ist der Grund für die Beschränkungen, die in den letzten Jahren eingeführt wurden. Waren früher zu Spitzenzeiten bis zu 1500 Personen an einem Tag losgegangen, so dürfen seit Januar 2001 »nur« noch 500 Trekker pro Tag starten. Außerdem ist jetzt eine Voranmeldung erforderlich, und die Eintrittspreise wurden kräftig nach oben gesetzt. Die Tour kann man also nicht mehr selbst organisieren und durch-

Im engen Urubamba-Tal bleibt wenig Platz für Infrastruktur: Die Bahnstation am km 82, dem Beginn des Inkaweges.

Tagesetappen	Gehzeit	Entfernung	Anstieg	Abstieg
1. Km 82 (2500 m) – Llulluchapampa (3750 m)	6 Std.	14 km	1250 m	-
2. Llulluchapampa (3750 m) – Pucaymayo (3600 m)	2–3 Std.	5 km	450 m	600 m
3. Pucaymayo (3600 m) – Wiñay Wayna (2600 m)	5 Std.	10,5 km	310 m	1310 m
4. Wiñay Wayna (2600 m) – Machu Picchu (2400 m)	2 Std.	4,5 km	50 m	250 m
Total:			**2060 m**	**2160m**

führen; man ist auf eine der zahlreichen Agenturen in Cuzco angewiesen. Ab 185 US-Dollar muss man anlegen, um eine 4 Tage/3 Nächte-Tour auf dem Inkaweg mitmachen zu dürfen.

Der Wegverlauf

Buchung

Rund um die *Plaza de Armas* von Cuzco und in den Straßen Plateros und Procuradores finden sich unzählige Reisebüros bzw. Reiseveranstalter, die diese Tour vermitteln bzw. selbst durchführen, etwa SAS Travel, Portal de Panes 143, E-Mail: info@sastravelperu.com oder die Agentur mit dem klangvollen Namen Inka's Golden Travel Adventure, Calle Plateros N° 334, Tel. (084) 24–8284. Bei den Agenturen kann man sich die wichtigsten Daten der Tour auf einem Faltblatt mitgeben lassen. Was der Einzelne noch braucht, sind ein Rucksack für Schlafsack und persönliche Utensilien. Der eigene Rucksack wird allerdings von den Trägern nicht befördert und muss selbst getragen werden!
Grundsätzlich sollten die Preise der einzelnen Agenturen verglichen werden, dabei konkret nachfragen, z. B. ob der Trekkingführer zweisprachig ist, wie viele Mahlzeiten eingeschlossen sind, was von An- und Abfahrt inbegriffen ist; ob garantierte Durchführung oder Zusammenlegung mit anderen Agenturen, Anzahl der Mitwanderer etc.

Tipp Tourenstöcke mit Metallspitzen sind auf dem Inkaweg nicht erlaubt. In **Ollantaytambo** werden Wanderstöcke aus Holz oder Bambus angeboten. Viele Agenturen machen auf der Hinfahrt zum km 82 dort kurz Halt, sodass Gelegenheit zum Kauf besteht.

Anfahrt

Die Anfahrt erfolgt mit Bussen auf der asphaltierten Straße von Cuzco, Chinchero, Urubamba und Ollantaytambo; etwas langsamer geht es dann über die Staubpiste nach Chilca und dann zum Ausgangspunkt km 82.

1. Tag: Vom km 82 nach Llulluchapampa

Es ist nicht viel los am Startpunkt km 82. Wir haben Mitte April, und die Trekkingsaison scheint noch weit entfernt. Gerade mal zwei Gruppen richten ihre Sachen, sodass am Kontrollpunkt an der Brücke über den **Río Urubamba** kein Gedränge herrscht. Der Urubamba zeigt sich reißend und lehmig braun durch die starken Niederschläge der eben zu Ende gegangenen Regenzeit.
Auf der linken Seite des Flusses geht es gemütlich dahin, rechts des Urubamba tuckert die Eisenbahn vorbei. Agaven und Kakteen säumen den leicht zu findenden Weg, besondere Steigungen gibt es nicht. Die ersten Träger sausen vorbei, und nachdem der Weg bei den Ruinen von **Llactapata** nach Südwesten ins Tal des Río Cusichaca eingebogen ist, überholt mich gleich ein ganzer Pulk dieser Träger. Ich schaue sie mir mal etwas genauer an und kann zu den Trägern der Cordillera Blanca einige Unterschiede erkennen. Zuerst die Gehgeschwindigkeit: Die Träger auf dem Inkaweg

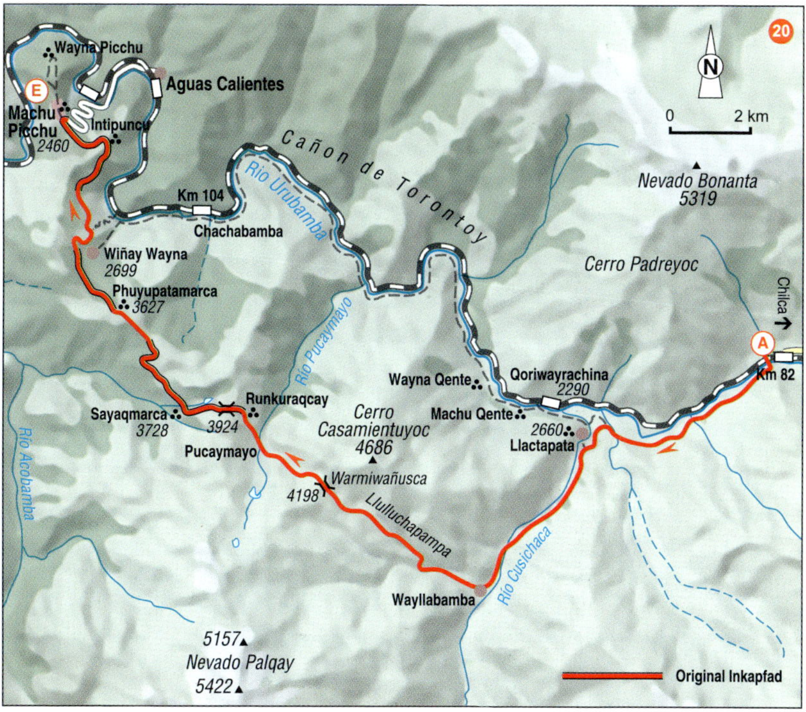

rennen (zumindest auf den Etappen, die keine großen Steigungen beinhalten), müssen aber deswegen öfter eine Pause einlegen. Die Träger in der Cordillera Blanca gehen langsam, aber stetig und machen auch weniger Pausen. Hier in der Gegend sind die Träger von kleiner und gedrungener Gestalt und, wahrscheinlich aufgrund der geringen Höhe, nachlässig gekleidet. Mit den *Yankees*, den Billig-Sandalen aus Autoreifen, einer kurzen Hose und Baumwoll-Unterhemd machen sie nicht gerade einen professionellen Eindruck. Ein Träger in der Cordillera Blanca verfügt, wenn er schon etwas geleistet hat, über eine erstklassige Ausrüstung (Bergstiefel, Daunenjacke etc.). Und dann noch das Gewicht: Auf dem Inkaweg darf den Trägern nur 20 Kilogramm Gepäck zugemutet werden; in der Cordillera Blanca sind manchmal andere Lasten angesagt, und die gilt es im Zweifel bis zum Sattel des Huascarán in 6000 m Höhe zu tragen. Allerdings ist in der Cordillera Blanca die Bezahlung auch wesentlich besser.

Der Traum vieler Trekker und Bergwanderer weltweit: Die Hängebrücke am Startpunkt des legendären Inkaweges zu überschreiten.

Wayllabamba heißt der kleine Ort, von dem der Weg in nordwestliche Richtung schwenkt. Hier beginnt der Anstieg zum ersten Pass; etwas oberhalb des Dorfes ist ein Kontrollposten des Nationalparks, kurz dahinter finden sich einige kleine Flächen, die für verschiedene Trekkingagenturen reserviert sind. Nach Durchschreiten des dichten Waldes ist an der kleinen Ebene **Llulluchapampa** der erste Zeltplatz erreicht.

2. Tag: Über den Warmiwañusca-Pass

Nur eine Gruppe hat an dieser Stelle die Nacht verbracht. Bis sie ihr Frühstück serviert bekommen haben, bin ich schon längst unterwegs. Den Anstieg bis zum Pass habe ich also alleine für mich und kann dann von oben steil hinunter Richtung Wayllabamba blicken bzw. auf der sich dahinter befindlichen Talseite erkennen, dass in der Nacht Schnee gefallen ist.

Der Abstieg hinunter nach **Pucaymayo** ist auf Steinstufen kein allzu großes Problem. Der Nebel wabert aus dem Urubamba-Tal herauf, was andererseits den Vorteil hat, dass man nicht direkt der Sonne ausgesetzt ist. In Pucaymayo ist ein Kontrollposten des Nationalparks, und während ich mich mit dem Parkwächter unterhalte, kommt auch schon die erste Trägergruppe angerannt. Ob die Zugangsbeschränkungen zum Inkaweg denn etwas gebracht hätten, frage ich den Parkwächter. Eigentlich schon, meint er. Der wichtigste Unterschied zu vorher ist die gleichmäßigere Verteilung der Trekker. Und dann werden jetzt wirklich nur noch die ausgewiesenen Zeltplätze benutzt. Das Müllproblem hat sich reduziert, und das Verbrennen von Holz, ein früheres Problem der »sparsamen« Trekker, gibt es jetzt auch nicht mehr.

3. Tag: Nach Wiñay Wayna

Nachdem die ersten beiden Tage kaum Trekker unterwegs waren, treffe ich bei den Ruinen von **Phuyupatamarca** eine größere Gruppe, die gerade ihre Pause beendet. Wie üblich sind die ersten Träger schon wieder unterwegs, und direkt beim beginnenden lang gezogenen Abstieg nach Wiñay Wayna machen die ersten eine ihrer vielen Kurzpausen. Mir ist schon mehrmals aufgefallen, dass die Träger ihre Last in Säcken tragen, in die sie Schlitze für die Arme geschnitten haben. Ich frage einen der Träger, warum er kein *aparejo* benutzt. »Was das wohl sei«, fragt er zurück. Ein Traggestell, auf das man die mit Schnur oder Seil festzurrte Last setzt. Diese lässt sich damit wesentlich bequemer tragen. So etwas gäbe es hier nicht und wenn, wäre es wahrscheinlich zu teuer. Der Mann verlängert seine Pause etwas und erzählt mir auch über die schlechte Bezahlung der Agenturen, bei denen die Träger aber trotzdem Schlange stehen, um Arbeit zu bekommen. Früher, vor den Beschränkungen, konnte man direkt von den Touristen angeheuert werden, und dabei blieb für

20

den Einzelnen natürlich viel mehr übrig. Also doch noch ein Nachteil des neuen Systems.

Die Träger rennen die Stufen hinunter, ich lasse es aber etwas langsamer angehen. In **Wiñay Wayna** angelangt, will ich statt im Zelt in der dort befindlichen Unterkunft übernachten. Es handelt sich um drei Schlafsäle nach Jugendherbergsmuster, eine Dusche und eine Toilette. Die nahe gelegene Verpflegungsstätte füllt sich am späten Nachmittag mehr und mehr. Die Preise sind nicht gerade billig, aber trotzdem gehen große Mengen an Erfrischungsgetränken und Bier über den Tresen. Wie die großen Kühlschränke wohl hier hochgekommen sind? Ich frage und bekomme die logische Antwort: Auseinander montiert und hochgetragen. Es herrscht eine ausgelassene und gute Stimmung unter den Trekkern aus der ganzen Welt, und wahrscheinlich wurde die Sperrstunde um 22 Uhr mit Bedacht gewählt. Läge sie später, so mancher Trekker würde in der Früh nicht aus dem Schlafsack kommen.

Tipp Wer schwindelfrei ist, sollte sich die Zeit nehmen, den **Wayna Picchu** zu besteigen. Die Aussicht tief hinunter zum Urubamba und auf Machu Picchu ist einzigartig.

4. Tag: Zum Sonnentor Inti Punku

Aufstehen um 4.00 Uhr früh, hatte ich in Cuzco in dem Prospekt einer Agentur gelesen, damit der Sonnenaufgang in Machu Picchu miterlebt werden kann. Punkt 4.00 Uhr klopft dann auch jemand heftig an die Tür. Nach einer Schrecksekunde springen alle aus ihren Betten, suchen im Licht der Taschenlampe ihre Sachen zusammen und sind bald verschwunden. Kühle Luft strömt jetzt durch die offene Tür, eine Wonne im Vergleich zu der stickigen Luft in der Nacht. Ob die Trekker Machu Picchu im Licht der aufgehenden Sonne sehen werden, frage ich mich, oder ist es heute vielleicht genauso neblig wie gestern. Wie auch immer, ich drehe mich erst einmal um und schlafe zwei Stunden weiter.

Als ich in der Verpflegungsstätte (Restaurant wäre wohl eine Übertreibung) auftauche, ist kein Tourist mehr zu sehen, dafür aber jede Menge Be-

Tipp Wer gerade in der Hochsaison Cuzco erreicht hat, alles ausgebucht vorfindet, aber trotzdem zu Fuß Machu Picchu erreichen will, sollte nach der Zweitagestour (mit einer Übernachtung) ab km 104 (Chachabamba) fragen. Auf dieser Alternativroute sieht man die Ruinen von Wiñay Wayna und kommt über das Sonnentor nach Machu Picchu. Ab 135 US-Dollar pro Person allerdings auch nicht gerade billig taxiert.

Am Sonnentor Inti Punku: Der aufsteigende Nebel gibt den Blick auf die Ruinenanlage Machu Picchu frei.

dienstete, die alles auf Vordermann bringen. Ich finde ein staubfreies Plätzchen und bekomme auch noch ein Frühstück. Am frühen Nachmittag werden hier die ersten Trekker eintreffen, und dann geht wieder alles von Neuem los.

Als ich mich auf den Weg zum Sonnentor (**Inti Punku**) mache, ist es tatsächlich noch neblig. Als der Nebel etwas aufreißt, erkenne ich unten im Urubamba-Tal einen Hubschrauber, der von Cuzco kommt und sich in dem engen Tal zum Landeplatz in Aguas Calientes vortastet. Am Sonnentor angelangt, ist es, wie ich es mir gedacht habe – der Nebel lässt nichts von der Ruinenanlage erkennen. Nach etwa 20 Minuten reißt der Nebel auf, und nach weiteren 10 Minuten ist Machu Picchu in seiner ganzen Pracht zu sehen.

Abreise: Wer noch Lust hat, geht den kleinen Saumpfad hinunter ins Tal; die meisten Trekker benutzen aber den Bus, der direkt bis nach **Aguas Calientes** fährt. Dort befinden sich zahlreiche Hotels und andere Unterkünfte, die mit jedem Meter Abstand von den Bahngleisen günstiger werden. Morgens um 5.45 Uhr fährt dann der so genannte Backpacker-Zug nach Ollantaytambo. Die Busse, die dort an der *plaza* stehen, fahren dann ohne Halt durch nach Cuzco.

21 Ollantaytambo – Lares

Überquerung der Cordillera Urubamba: Ollantaytambo – Lares

mittel	35,0 km	3 Tage

▶ **Tourencharakter:** Aus dem heiligen Tal der Inka über die Cordillera Urubamba zum Thermalbad Lares.
▶ **Beste Jahreszeit:** Mai bis Mitte September.
▶ **Ausgangspunkt:** Ollantaytambo.
▶ **Endpunkt:** Lares.
▶ **Landkarte:** Camino Inka, Mapa Topografico y Turistico (in Cuzco erhältlich).
▶ **Verkehrsanbindung:** Von Cuzco tagsüber in kurzen Zeitabständen mit Kleinbussen nach Ollantaytambo. Von Lares zurück nach Calca im Urubamba-Tal nur wenige reguläre Verbindungen.
▶ **Unterkünfte**: Übernachtungsmöglichkeiten in Cuzco, Ollantaytambo und Lares.
▶ **1.Tag:** Ollantaytambo – Patacancha
▶ **2. Tag:** Patacancha – Huacahuasi
▶ **3. Tag:** Huacahuasi – Lares

Nur kurz vor und nach dem einzigen Pass ist das Gelände etwas steiler; ansonsten eine angenehme Wegstrecke mit vielen Ruinen und Terassenanlagen aus der Inkazeit.

Der Wegverlauf

Anfahrt

Nach dem Inkaweg will ich noch diese Tour unternehmen, bevor ich mich auf den Weg zurück nach Huaraz mache. Der gut gefüllte Backpacker-Zug ist in Ollantaytambo angekommen. Ganze Heerscharen von Trekkern steigen aus den blauen Waggons der Bahngesellschaft PeruRail und machen sich auf den Weg zur *Plaza de Armas*. Dort stehen jede Menge Busse bereit, um die Wanderer nach Cuzco zu fahren.

Wie organisiert man eine Tour, wenn man niemanden kennt? Ganz einfach – man fängt an zu fragen. Einen *campesino* in rotem Poncho frage ich, wer hier Pferde vermietet. Er weiß es

Blick von der Inkafestung auf den Ort Ollantaytambo, Durchgangspunkt der Reisenden nach Machu Picchu.

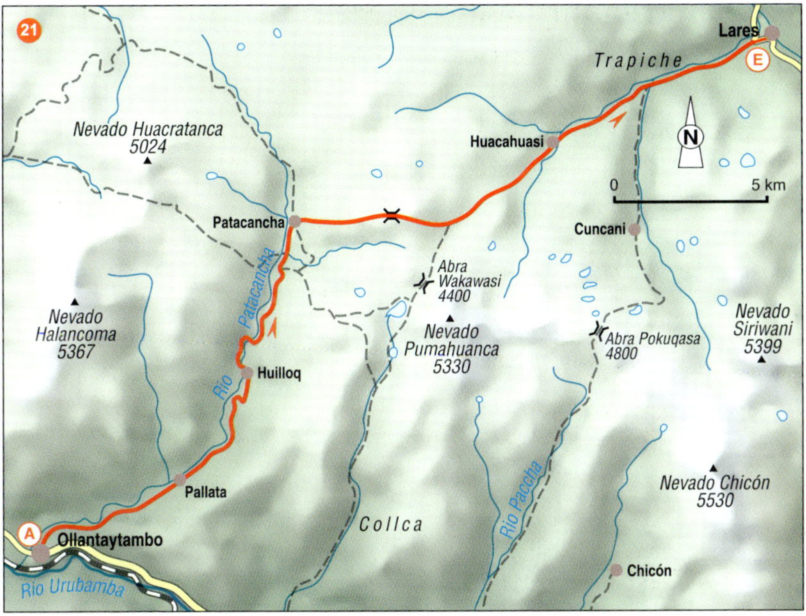

Tagesetappen	Gehzeit	Entfernung	Anstieg	Abstieg
1. Ollantaytambo (2850 m) – Patacancha (3600 m)	6 Std.	17km	750 m	–
2. Patacancha (3600 m) – Huacahuasi (3600 m)	4–5 Std.	10 km	620 m	620 m
3. Huacahuasi (3600 m) – Lares (3250 m)	3 Std.	8 km	–	350m
Total:			1370 m	970 m

nicht, die daneben stehende Person kann mir aber schon weiterhelfen und beschreibt mir den Weg zu einem Haus. Ich finde dann tatsächlich jemanden, der vorgibt, die Strecke zu kennen und über Tragtiere zu verfügen. Wie üblich mache ich einen kurzen schriftlichen Vertrag, in dem ich die Konditionen, zu denen wir unterwegs sind, skizziere. Am nächsten Tag soll es losgehen.

Am Nachmittag treffen wir noch einmal unseren *arriero*. Leider gäbe es einige Probleme, höre ich. Er müsste einen zusätzlichen Mann mitnehmen, in einem Dorf unterwegs gäbe es Probleme. Und natürlich müssten wir den zusätzlichen Mann auch bezahlen. Ich habe eher den Eindruck, dass der gute Mann die Strecke gar nicht kennt und dass ihn die Aussicht auf einen Verdienst

21

nicht alle Konsequenzen hat bedenken lassen. Andererseits hat es sich scheinbar schon herumgesprochen, welchen Service wir benötigen. Kaum ist der eine weg, stellt sich schon ein anderer vor. Auch bei ihm wissen wir nicht, ob er wirklich die Strecke kennt. Aber wir werden es mit ihm versuchen.

1. Tag: Von Ollantaytambo nach Patacancha

Der Bus von Cuzco nach Urubamba hat etwas länger gebraucht. Wir müssen uns beeilen, da wir eine feste Uhrzeit ausgemacht haben. Ein Taxi bringt uns die letzten Kilometer nach Ollantaytambo. An der *plaza* steigen wir aus und schauen uns um. Erst auf den zweiten Blick erkenne ich Leonardo, der an einer Straßenecke gewartet hat. Zumindest das erste Problem ist damit gelöst. Unser Mann kann und will wirklich los. Und er nimmt auf eigene Kosten noch einen Pferdeknecht mit.

Wir beeilen uns, die Dinge zu erledigen, die man normalerweise am Vortag erledigt: Lebensmittel und Brennmaterial einkaufen. Andere Dinge benötigen wir nicht; Zelt, Isoliermatten und Schlafsäcke haben wir dabei, die *arrieros* verfügen über eigene Ausrüstung und stellen auch die Kochutensilien. Was mir nicht gefällt, ist, dass die Händler, bei denen wir einkaufen, unsere »Abhängigkeit« von ihnen zu kurzfristigen Preisaufschlägen nutzen. Ich kenne das von Huaraz, aber hier wie dort sind die *ventajistas*, Personen, die eine Situation oder einen Augenblick ausnützen, mir ein Ärgernis. Diese Menschen sind sich über ihre kurzsichtige Denkweise nicht im Klaren. Bei der nächsten Tour werden diese Händler nämlich nicht mehr berücksichtigt. Es gibt genügend unter ihnen, die wissen, wie sich Kaufleute zu verhalten haben; es ist nur schwierig, sie gleich herauszufinden.

Tipp Auf dem ersten Abschnitt der Tour sind rechts und links des Weges wundervolle Terassenanlagen sowie verschiedene Ruinen der Inka wie etwa **Pumamarca** zu bewundern.

Gegen 11.00 Uhr sind wir endlich bereit. Mit zwei Pferden marschieren wir zum Ort hinaus. Auf einer Fahrstraße geht es zügig talaufwärts. Leonardo grüßt nach links und nach rechts und ist mächtig stolz, eine Trekkinggruppe anführen zu dürfen.

Nach zwei Stunden machen wir eine kleine Pause. In Ollantaytambo hatte ich Leonardo, so wie es üblich ist, einen Vorschuss gegeben. Er hatte das Geld, auch das ist üblich, ohne Abzug an

21

seine Frau weitergeleitet. Ich spreche ihn darauf an, und bekomme von allen Anwesenden bestätigt, dass sie das immer so machen. Die Gründe sind einleuchtend. Während ein Bundesbürger etwa 16% seiner Konsumausgaben für Lebensmittel ausgibt, liegt dieser Satz bei der peruanischen Landbevölkerung sicherlich bei 75%. Natürlich bei einem verfügbaren Einkommen, das weit geringer ist. Ein peruanischer Lehrer etwa verdient nicht unbedingt mehr als 100 US-Dollar pro Monat. Dass die *arrieros* das verdiente Geld abliefern, ist einfach notwendig, um die Ernährung ihrer vielköpfigen Familien zu sichern.

Wir genießen noch einmal einen Blick auf die Terassenanlagen aus der Inkazeit und machen uns dann auf zu unserem Tagesziel. Beim Dorf **Patacancha** werden die Zelte aufgestellt.

Im ländlichen Gebiet um Cuzco sind die charakteristischen Hüte mit Kinnriemen noch weit verbreitet.

2. Tag: Von Patacancha nach Huacahuasi

Die Nacht war nicht kalt, und deswegen sind wir früh auf den Beinen. Während meine Begleiter mit den Packvorgängen beschäftigt sind, gehe ich schon mal los. Der Weg ist deutlich zu erkennen und führt auf der rechten Talseite entlang. Lama- und Alpakaherden sind reichlich unterwegs. Der Weg ist angenehm zu gehen und stellt keine Schwierigkeit dar. Mit dem Pass (4220 m) ist zugleich der höchste Punkt der Tour erreicht. Da es sehr windig ist, steigen wir auf der anderen Seite ins Tal ab und machen an einer geschützten Stelle unsere Mittagsrast. Tagesziel ist das Dorf **Huacahuasi**; neben der kleinen Kirche schlagen wir unsere Zelte auf. Aus einer Wasserleitung holen wir uns das Frischwasser, sodass dieses Problem heute elegant gelöst worden ist.

3. Tag: Nach Lares

Auch Huacahuasi wird bald den Anschluss an die »große« Welt haben, da auf der rechten Seite des Tales gerade eine Straße trassiert wird. Wir benutzen natürlich den Pfad, der auf der linken

21

Seite bergab führt, und der dann auf halbem Weg zur rechten Seite hinüberwechselt. Hoch über dem Fluss geht es dann talabwärts, und vor Erreichen des kleinen Städtchens **Lares** ist unten im Tal das Thermalbad zu sehen. Es herrscht reger Betrieb, und sogar Gäste aus Cuzco haben den Weg dorthin gefunden. Bald darauf erreichen wir den kleinen Hauptplatz von Lares. Unser Mann aus Ollantaytambo wird ausgezahlt und macht sich mit seinem Begleiter wieder auf den Rückweg.

Abreise: Nach Cuzco zurückzukommen ist gar nicht so einfach. Wie wir erfahren, verkehrt einmal am Tag ein Kleinbus auf dieser Strecke. Wenn der Bus aus **Calca** kommt, kann man beim Fahrer den Fahrpreis entrichten und hat damit einen Sitzplatz reserviert. Gegen Mittag taucht das Gefährt auf, und trotz Gedränge ergattern wir zwei Sitzplätze. Die Abfahrt soll eine Stunde später sein, aber es dauert und dauert, bis das Fahrzeug wieder auftaucht. Endlich kommt es, alle steigen ein, und plötzlich ist eine Person »zu viel« an Bord. Die Aufforderung des Fahrers, eine Person solle aussteigen, stößt auf einhelligen Widerspruch der Fahrgäste. Aus dem einzigen Fahrzeug, das heute noch die Stadt verlässt, steigt niemand mehr aus, nur um einen ganzen Tag auf das nächste Gefährt zu warten. Der Fahrer gibt sich schließlich geschlagen, und über eine furchtbar schlechte Piste wird nach drei Stunden der Ort Calca im Heiligen Tal der Inka erreicht. Dort ist es wesentlich einfacher, eine Transportmöglichkeit zu finden; nur zwei Minuten dauert es, bis ein Bus hält, der uns nach Cuzco bringt.

Das Städtchen Lares ist durch seine Thermalbäder regional bekannt. Die schlechten Verkehrsverbindungen behindern allerdings einen wirtschaftlichen Aufschwung der Stadt.

Vilcanota-Rundtour

22

Anspruchsvolle Tour im Osten Perus: Tinqui – Uyuni – Upis – Tinqui

anspruchsvoll	72,0 km	4 Tage

▶ **Tourencharakter:** Schwere, aber landschaftlich überaus reizvolle Rundtour; gute Ausrüstung (Zelt, Schlafsack) ist notwendig, um der nächtlichen Kälte trotzen zu können.
▶ **Beste Jahreszeit:** Mai bis Mitte September.
▶ **Ausgangspunkt:** Tinqui.
▶ **Endpunkt:** Tinqui.
▶ **Landkarte:** IGN-Karte 28-t, Ocongate.
▶ **Verkehrsanbindung:** Von Cuzco mit Kleinbussen nach Urcos. Von dort mit Lkw weiter nach Ocongate und Tinqui.
▶ **Unterkünfte**: Übernachtungsmöglichkeiten in Cuzco, Ocongate und Tinqui.
▶ **1.Tag:** Tinqui – Comercocha
▶ **2. Tag:** Comercocha – Uyuni
▶ **3.Tag:** Uyuni – Upis
▶ **4. Tag:** Upis – Tinqui

Die Cordillera Vilcanota liegt weit im Osten Perus und bildet die Begrenzung zum Urwaldgebiet Madre de Dios. Die Gegend um den stark vergletscherten Berg Auzangate kann wegen der Höhe landwirtschaftlich kaum genutzt werden. Umso wohler fühlen sich Lamas und Alpakas. Die Herden umfassen oft Hunderte von Tieren.

Der Wegverlauf

Anfahrt nach Tinqui

Eine Umrundung der Cordillera Vilcanota war schon immer mein Traum gewesen. Zwar liegt sie weit weg von meinem Standort Huaraz, doch irgendwann wollte ich mir einfach die Zeit dafür nehmen. Jetzt war es endlich soweit!
Mit der ersten Frühmaschine fliege ich nach Cuzco und fahre am Tag darauf mit einem der schnellen Kleinbusse zum Städtchen Urcos, das in 3150 m Höhe liegt. Der Bus hat nicht mehr als ein-

Tagesetappen	Gehzeit	Entfernung	Anstieg	Abstieg
1. Tinqui (3800 m) – Comercocha (4600 m)	5 Std.	16,5 km	800 m	–
2. Comercocha (4600 m) – Uyuni (4600 m)	6 Std.	18,5 km	450 m	450 m
3. Uyuni (4600 m) – Upis (4350 m)	8.30 Std.	26,5km	950 m	1200 m
4. Upis (4350 m) – Tinqui (3800 m)	3.30 Std.	10,5 km	125 m	675 m
Total:			2325 m	2325 m

22
Pto. Maldonado
Tumacasca
Ocongate
Río Tinquimayo
A
E
Tinqui
Pucarumi
Quimsapuccio
Yanama
Marampaqui
Laguna Singrenacocha
Laguna Armacocha
Río Pacchanta
Huarmisaya
Pacchanta
Calacancha
Huahuayocrumi
Astarana
Q. Upismayo
Upis
Collpa Ananta 6110
Laguna Comercocha
Laguna Caycocha
Collque Cruz 5960
Quechapata
Laguna Azulcocha
Laguna Pucacocha
Arapa
Punta Arapa 4650
Punta Jampa 5050
6372
Santa Catalina 5808
Sarnacancha
Auzangate
5800
Jampa
Q. Pucacocha
Laguna Uchuypucacocha
Río Jampamayo
Laguna Jatunpucacocha
Laguna Auzangatecocha
Punta Pucapata 4850
Cerro Huasacocha 5435
Auzangate
Quilleta
Quebrada Aucatauri
Uyuni
N
Chillca
0
5 km
Río Chillcamayo
Pitumarca

22

einhalb Stunden für diese Strecke benötigt; kurz vor 11.00 Uhr stehe ich an der *Plaza de Armas* und versuche, auf einem der Lkws mit den charakteristischen Holzaufbauten, die in den Urwald fahren, mitzukommen. Eine halbe Stunde später ist es dann soweit; ein Laster, beladen mit Bierkästen der Brauerei Cuzqueña, nimmt mich und andere Fahrgäste mit. Eine halbe Ladung mit Reis- oder Zuckersäcken wäre natürlich bequemer gewesen, aber ich will nicht ein paar Tage warten, bis einer vorbeikommt. Die anderen Passagiere decken sich noch mit reichlich Brot ein; die meisten von ihnen werden drei Tage unterwegs sein, bis sie die Urwaldstadt Puerto Maldonado erreicht haben.

Im Bereich der Cordillera Vilcanota werden Lamas noch oft zum Transport von Verbrauchsgütern eingesetzt.

Der Lkw schnauft die kurvenreiche Straße bergauf. Nach eineinhalb Stunden Fahrzeit kann man immer noch tief unten im Tal den Ort Urcos erkennen. Bald darauf kommen schon der Nevado Auzangate (6372 m) sowie die weiteren Berggipfel der Cordillera Vilcanota in Sicht. Auf der staubigen Piste geht es wieder bergab, bis der Ort Ocongate erreicht ist. Einfache Übernachtungsmöglichkeiten gibt es an der *plaza*, bestehend aus Bretterverschlägen mit rostenden Betten und durchgelegenen Matratzen; mit einem Dollar pro Nacht allerdings auch nicht überbezahlt.

1. Tag: Von Tinqui zum Comercocha-See

Am nächsten Morgen nehme ich den ersten Lkw, der vorbeifährt, um nach Tinqui zu kommen. Auf der schlechten Straße benötigt er für die 10 Kilometer eine Dreiviertelstunde. Vor Erreichen der kleinen *plaza* in Tinqui weist ein Schild auf die Vereinigung der *arrieros* hin. Wer Tragtiere braucht, fragt dort nach – etwa 50 Treiber stehen hier zur Auswahl.

Ein *arriero* ist auch bald gefunden; er muss nur noch schnell Bescheid sagen, dass er ein Engagement hat, und natürlich muss

Lama- und Alpakaherden begleiten uns auf dem beschwerlichen Anstieg zum Kampapass (5050 m).

er erst noch ein Pferd von der Weide holen. Es ist fast Mittag, als wir endlich losmarschieren. Die Vegetation ist karg; nur wenige Gehöfte säumen den Weg, der direkt zur Auzangate-Gruppe führt. Die Luft ist klar und lässt die Distanzen zusammenschrumpfen. Auch wenn es nicht den Anschein hat: Die Berge sind einen Tagesmarsch entfernt.

Mit dem weiteren Anstieg werden die Lama- und Alpakaherden zahlreicher. Wir sind ganz gut marschiert und erreichen gegen 16.00 Uhr einen Lagerplatz nahe dem **Comercocha-See**. Wir sind nun in einer Höhe von 4500 m. Dies bedeutet, dass uns am nächsten Tag noch 500 Höhenmeter bis zum Übergang bevorstehen.

2. Tag: Über den Kampa-Pass

Der Übergang über den Kampa-Pass lässt mich die dünne Höhenluft spüren. Wir befinden uns in knapp 5000 Meter

22

Höhe. Weit in der Ferne, in nordwestlicher Richtung, taucht jetzt die Cordillera Vilcabamba auf. Mein Begleiter Miguel ist etwas vorausgegangen und unterhält sich unterhalb des Passes mit einem anderen Dorfbewohner, der ein Schaf hinter sich herzieht. Ob hier ein entlaufenes Schaf wiedergefunden wurde oder ob es sich um einen der häufigen Viehdiebstähle handelt, ist nicht herauszubekommen.
Der Weg führt jetzt ständig bergab. Auch hier sind die großen Lama- und Alpakaherden auffallend. Schon um 15.30 Uhr erreichen wir das Gehöft **Uyuni**. Wir beschließen, hier zu übernachten und die Aussicht auf den am Talende dominierenden Jatunhuma zu genießen. Das Wasser muss angesichts des großen Viehbestandes unbedingt behandelt werden. Wie schon beim Lagerplatz des gestrigen Tages sind auch hier die Nächte eiskalt. Eine Wasserflasche, die unvorsichtigerweise vor dem Zelt liegen bleibt, ist am Morgen vollständig zugefroren. Auch die umliegenden Bäche tragen eine dünne Eisschicht.

Am peruanischen Nationalfeiertag treiben peruanische Cowboys (vaqueros) eine Stierherde zum Hauptplatz des Dorfes Tinqui. Über der Szene thront der Auzangate (6372 m).

22

Kurzer Aufenthalt auf dem Rückweg nach Urcos. Die Landschaft um diese Stadt zeigt sich in ihrer ganzen Schönheit.

3. Tag: An der Laguna Pucacocha vorbei

Bereits um 8.00 Uhr verlassen wir unser Lager, und schon nach einer Stunde erreichen wir die Ansiedlung **Chillca**. Von hier biegt der Weg nach Norden ab und folgt dem Fluss auf der (in Gehrichtung) rechten Seite. Bald darauf wird es steiler, und kurz vor dem Pass sind die ersten Schneefelder links und rechts des Weges zu finden. Der Wind bläst mit Sturmstärke den Hang hinunter und erschwert das Gehen erheblich. Entschädigt wird man für die Mühen am Passübergang mit dem Blick auf die gewaltigen Gletscher des Nevado Auzangate.

Der Weg führt hoch über den Pucacocha-See entlang und geht dann in einen steilen Abstieg über. Eine Lamakarawane zieht vorbei. Die Tiere sind bunt geschmückt und tragen Salzsäcke in abgelegene Dörfer. Bald geht es wieder bergauf zum letzten Passanstieg. Am späten Nachmittag erreichen wir dann die heißen Quellen von **Upis**. Insgesamt sind wir an diesem Tag achteinhalb Stunden unterwegs gewesen.

4. Tag: Nationalfeiertag in Tinqui

Auch am nächsten Tag sind wir schon um 8.00 Uhr abmarschbereit. Es ist der 28. Juli, und das bedeutet: Es ist der peruanische Nationalfeiertag! Ich will meinem Begleiter die Möglichkeit geben, noch etwas von den Veranstaltungen zu sehen, die am Nachmittag in Tinqui stattfinden. Wir kommen schnell voran, und kurz vor Erreichen unseres Ausgangspunktes Tinqui stoßen wir auf eine Stierherde, die von einigen Dorfbewohnern in Richtung des Städtchens getrieben wird. Die peruanischen »Cowboys« machen viel Aufhebens von ihrer »corrida« und

scheuchen uns lautstark aus dem Weg. Von einem sicheren Punkt aus betrachte ich die vorbeitrampelnden schwarzen Viecher. »Na ja«, denke ich, »in der Cordillera Blanca oder Huayhuash werden bei solchen Gelegenheiten wesentlich größere Tiere von der Weide geholt ...«

Natürlich ist an diesem Tag mit einer Fahrgelegenheit nicht mehr zu rechnen. Nachdem meine Ausrüstung im Haus der *arrieros* verstaut ist, begebe ich mich am frühen Nachmittag zur Dorfmitte, zu den Feierlichkeiten.

Tipp Auf einem Lkw oder in der »Kanzel« über dem Fahrerhaus eines Tanklastwagen von Urcos nach Tinqui zu fahren, ist pures Abenteuer. Allerdings dauert es auch entsprechend lang. Wer es eilig hat, kann versuchen, auf dem Hauptplatz in Urcos einen Fahrer für einen *expreso* anzuheuern. Wegen des schlechten Straßenzustandes und wegen mangelnder Streckenkenntnisse trauen sich die meisten Taxifahrer nicht, die Tour zu unternehmen. Wenn sich dann jemand bereit erklärt, liegen die Preise je nach Verhandlungsgeschick und Straßenzustand zwischen 40 und 60 US-Dollar für eine Strecke. Vor der Abfahrt sollte man sich das aufgepumpte Ersatzrad und Werkzeug für einen eventuellen Radwechsel zeigen lassen.

23 Um den Misti nach Chihuata

Annäherung an einen Vulkan:
Abzweigung Aguada Blanca – Basislager Misti – Chihuata

anspruchsvoll	km 32,0 km	2–3 Tage		

▶ **Tourencharakter:** Der Vulkankegel des Nevado Misti wird von Norden nach Osten und weiter nach Süden zur Hälfte umrundet. Herrliche Aussicht auf das Wüstengebiet um Arequipa.
▶ **Beste Jahreszeit:** Ganzjährig.
▶ **Ausgangspunkt:** Abzweigung Aguada Blanca.
▶ **Endpunkt:** Chihuata.
▶ **Landkarte:** IGN-Karte 33-t, Characato.
▶ **Verkehrsanbindung:** Kein regulärer Verkehr auf der Piste zum Ausgangspunkt. Man muss sich in Arequipa bei den Taxifahrern durchfragen, wer dorthin fährt.
▶ **Unterkünfte**: Übernachtungsmöglichkeiten in Arequipa und in Chihuata.
▶ **1.Tag:** Abzweigung Aguada Blanca – Basislager Misti
▶ **2. Tag:** Basislager Misti – Chihuata

Die Stadt Arequipa wurde im Jahr 1540 von den Spaniern gegründet. Einige Jahre später lobten Vertreter der spanischen Krone bei einem Besuch das gute Klima und die günstigen Bedingungen für die Landwirtschaft. Heute ist Arequipa zweitgrößte Stadt Perus und wächst durch den Zuzug von Menschen aus dem Hochland immer noch. Über der Stadt thront der formvollendete Vulkankegel des Nevado Misti, der aber gar nicht so ohne weiteres zu erreichen ist.

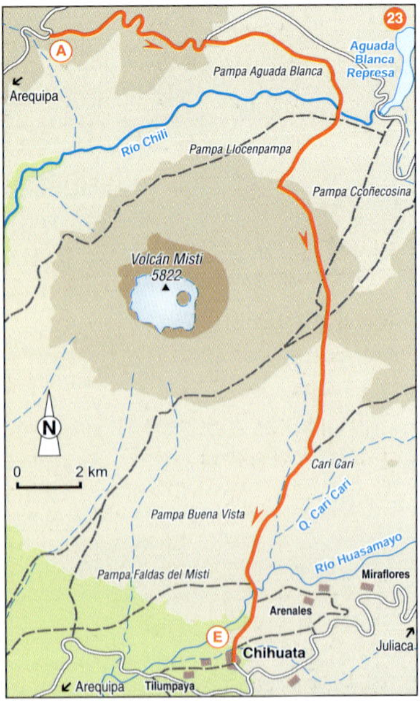

Der Wegverlauf

Informationsbeschaffung in Arequipa
Informationen über Berg- bzw. Trekkingtouren sind in Arequipa nur schwer zu bekommen. Das Touristenbüro beschränkt sich auf die innerstädtischen Attraktionen. Unsere Absicht ist es, mit dem Bus Richtung Colca-Tal zu fahren. Dabei wollen wir nach dem Anstieg zwischen den Bergen Chachani und Misti den Bus verlassen und uns von

der Ostseite dem Misti annähern. Die Rückkehr nach Arequipa soll dann über das Städtchen Chihuata erfolgen.

23

1. Tag: Von Arequipa zur Abzweigung Aguada Blanca

Am nächsten Tag stehen wir am späten Vormittag am Busbahnhof. Vorsichtshalber frage ich den Busfahrer noch einmal, ob er auch die von uns gewünschte Route fährt. Der Weg führt durch die scheinbar endlosen Vorstädte der zweitgrößten Stadt Perus. Je länger die Fahrt dauert, desto unruhiger werde ich. Ein Blick aus dem Fenster zeigt, dass wir uns schon auf der Höhe des Chachani befinden, der Bus hätte längst Richtung Osten abbiegen müssen. Ich mache Fidencio darauf aufmerksam, der neben mir auf seinem Sitz döst. Offensichtlich wird jetzt die Fahrstraße benutzt, die nördlich des Chachani ins Colca-Tal führt. Was tun? Jetzt aussteigen und nach Arequipa zurückfahren, würde einen Zeitverlust von einem Tag bedeuten. Wir entscheiden uns, weiterzufahren und nordöstlich des Berges Nocarane auszusteigen. Dort müsste die alte Fahrstraße auf die jetzt benutzte treffen.

An der Abzweigung angelangt, befinden wir uns wirklich in der Wüste. Kein Mensch weit und breit, nur zwei Sandpisten, die sich hier in der Einsamkeit treffen. Von den Businsassen werden wir mitleidig belächelt. Der Beifahrer, der unser Gepäck aus dem Stauraum holt, wünscht uns viel Glück. Kurz darauf ist nur noch die Staubfahne des entschwindenden Busses zu sehen.

Einsam in der Wüste …

Unser Ziel, der Nevado Misti, ist immerhin als kleiner Hügel in ca. 30 km Entfernung zu erkennen. Angesichts unseres schweren Gepäcks schätze ich die zu veranschlagende Gehzeit auf mindestens einen Tag. Ich dränge rasch zum Aufbruch, um keine Diskussion über die weite Strecke aufkommen zu lassen. Erstes Ziel ist das Ende eines leichten Anstiegs; dort erhoffe ich mir einen besseren Überblick über den bevorstehenden Weg. Nach einer halben Stunde sind wir auf der Anhöhe angekommen. Wir

Tagesetappen	Gehzeit	Entfernung	Anstieg	Abstieg
1. Abzweigung Aguada Blanca (4150 m) – Basislager Misti (4050 m)	5.30 Std.	14,5 km	475 m	575 m
2. Basislager Misti (4050 m) – Chihuata (2950 m)	6–7 Std.	17,5 km	150 m	1250 m
Total:			**625 m**	**1825 m**

23

setzen die schweren Rucksäcke ab und ruhen uns einige Minuten aus. Der Wind pfeift eiskalt über die Puna und lässt uns schnell warme Sachen anziehen. Während ich unseren Weg zurückblicke, erkenne ich am Horizont bei der Abzweigung eine Staubfahne. Ohne Zweifel benutzt ein Fahrzeug diese Strecke. Was für ein Glück! Aber wird es auch anhalten?

Ich greife zum bewährten Mittel: Mütze und Sonnenbrille abnehmen, freundlich lächeln und im letzten Moment die Hand hinaushalten. Zu meiner Überraschung hält das Auto wirklich an. Die neugierigen Blicke der Insassen nehmen deren Frage schon vorweg: Was will der Gringo eigentlich in dieser Gegend? Das Anliegen ist schnell erläutert, wir wollen bis zur Abzweigung zum Stausee Aguada Blanca. Schnell bekommen wir die Erlaubnis zur Mitfahrt in dem Fahrzeug mit Doppelkabine und Allradantrieb. Meine Begleiter nehmen auf der Ladefläche Platz. Wie sich herausstellt, handelt es sich bei den drei Personen um Ingenieure, die den Bau einer Starkstromleitung überwachen sollen. Interessanterweise wollen sie sich gar nicht auf Spanisch unterhalten, sondern vielmehr ihre guten Englischkenntnisse an den Mann bringen. Nach einer Viertelstunde schneller Fahrt erreichen wir den ersten Bautrupp. Gerade wird ein Strommast aus Einzelteilen zusammengesetzt. Zweieinhalb Strommasten schaffen die Trupps jeden Tag, erzählt mir stolz der Ingenieur. Die Stromleitung soll vom Stausee bis ins entfernte Cuzco führen.

Steil führt der Weg hinauf zum Gipfel des Vulkans Misti (5822 m), Hausberg der südperuanischen Stadt Arequipa.

Nach kurzer Inspektion geht es weiter. Der **Nevado Misti** rückt immer stärker ins Blickfeld. Nach weniger als einer Stunde Fahrt haben wir die Abzweigung erreicht. Ich frage höflich, was wir zu zahlen hätten. Den Ingenieuren, die trotz ihrer relativ privilegierten Stellung sicher nicht überbezahlt sind, war die Konversation mehr wert als eine Entschädigung in Geld. Wir verabschieden uns herzlich und stehen kurz darauf wieder einsam in der Landschaft. Wir gehen den Weg Richtung Stausee; zuerst kurz bergab, dann

23

wieder ansteigend. In der Zwischenzeit ist es später Nachmittag, und wir müssen uns langsam nach einem Nachtlager umsehen. Eigentlich wollten wir ja schon auf der anderen Seite des **Río Chili** am Basislager des Misti sein. Andererseits hatten wir sehr viel Glück, überhaupt noch in die Nähe des Vulkans zu kommen.
Kurz vor Einbruch der Dunkelheit entschließen wir uns, die Etappe zu beenden. Es ist schwierig, zwischen den Ichu-Grasbüscheln einen vernünftigen Lagergrund zu finden. Darüber hinaus gibt es in dieser Wüstengegend nur wenige Wasserstellen. Da wir einen Vorrat mitgeschleppt haben, können wir schließlich unter dem funkelnden Sternenhimmel unsere Abendmahlzeit zubereiten.

2. Tag: Zum Basislager zur Besteigung des Misti und Rückweg
Der zweite Tag bringt als erstes Problem die Überquerung des Río Chili mit sich. Wir müssen noch weiter nach Osten. Auf der Höhe einer zerstörten Arbeitersiedlung aus den Zeiten des Staudammbaus versuchen wir das erste Mal, durch das tief eingeschnittene Tal ans andere Ufer zu kommen. Es stellt sich als zu steil und zu gefährlich heraus, und wir müssen noch weiter nach Osten. Schließlich finden wir einen Durchgang, der uns trockenen Fußes auf die andere Seite bringt. Die klare Luft, wir sind hier zwischen 3600 und 3700 Meter hoch, lässt die Entfernungen unwirklich erscheinen. Ein starker Wind macht das Gehen alles andere als angenehm. Gegen Mittag erreichen wir dann das Basislager des Misti in 4050 m Höhe.
Wir gehen weiter in südliche Richtung. Am Horizont erkennt man den **Nevado Picchu Picchu**, links davon bald auch die Straße, die von Arequipa nach Juliaca führt. Dies ist etwa unsere Gehrichtung, der Weg fällt leicht ab. Durch die klare Luft meint man, das Ziel in zwei Stunden erreichen zu können. Dennoch sind es mühsame fünf Stunden, bis man in die Quebrada Caricari abgestiegen ist und den Schlussanstieg nach Chihuata geschafft hat.
Es wird schon dunkel, als wir das kleine Städtchen erreichen. An der *Plaza de Armas* warten wir auf den Bus, der uns für einen Dollar nach Arequipa bringt. Die Straße führt in vielen Serpentinen in die Stadt hinunter. Der Blick auf das mit Tausenden von Lichtern illuminierte Arequipa ist einzigartig und unvergesslich.

Tipp Die Kirche von Chihuata aus weißem Vulkanstein lohnt einen Besuch. Sie liegt am Hauptplatz, auf dem sich in Chihuata alles abspielt.

24 Zum Opferberg Ampato

»Juanita« und der rauchende Sabancaya: Sallalli – Nevado Ampato – Sallalli – Pata Pampa

anspruchsvoll	57,5 km	3 Tage		

▶ **Tourencharakter:** Trekking- und Bergtour mit Expeditionscharakter; durch unbewohntes Hochland zu einer Vulkankette. Schwierigkeiten bereiten der Wassermangel, der starke Wind und die Kälte.
▶ **Beste Jahreszeit:** Ganzjährig.
▶ **Ausgangspunkt:** Sallalli.
▶ **Endpunkt:** Pata Pampa.
▶ **Landkarte:** IGN-Karte 32-s, Chivay.
▶ **Verkehrsanbindung:** Öffentliche Verkehrsmittel verkehren nur auf der Strecke von Arequipa nach Chivay. In die Nähe des Nevado Ampato kommt man nur, wenn man einen Fahrer findet, der die Strecke kennt und bereit ist, das Wagnis dieser Piste in Kauf zu nehmen. Für einen *expreso* (also ein gemietetes Fahrzeug) zahlt man ca. 180 US-Dollar.
▶ **Unterkünfte**: Übernachtungsmöglichkeiten nur in Arequipa bzw. in Chivay.
▶ **1.Tag:** Sallalli – Arena Blanca
▶ **2. Tag:** Arena Blanca – Arena Blanca
▶ **3. Tag:** Arena Blanca – Pata Pampa

Der weltweite Gletscherrückgang macht auch vor den peruanischen Anden nicht halt. Wie in den Ötztaler Bergen die Gletschermumie Ötzi, so wurden im Jahr 1995 durch den Gletscherrückgang am Nevado Ampato mehrere Gletschermumien freigelegt. »Juanita«, wie die Mumie nach ihrem Entdecker, dem Amerikaner Johan Reinhard, genannt wurde, war ein 14 Jahre altes Mädchen, das vor 500 bis 600 Jahren von den Inkas geopfert wurde. Der Fund bedeutete in Peru eine archäologische Sensation, nicht anders als seinerzeit in Südtirol.

Der Wegverlauf

1. Tag: Anfahrt und Marsch zum Fuß des Berges

Um 6.00 Uhr morgens geht es auf der Staubpiste Richtung Colca-Tal. Die Strecke wird gerade mit einer Teerdecke versehen. Nach vier Stunden Fahrt erreichen wir die Hochebene, von der es hinunter ins Colca-Tal geht. Unser Fahrer hat Schwierigkeiten, im Sand die Abzweigung – eine einfache Fahrspur – zu finden. Ein kurzes Stück müssen wir zurückfahren, dann geht es Richtung Westen weiter. Die Piste ist anfangs noch gut befahrbar. Sie führt erst einige Zeit auf der Hochebene **Pata Pampa** in etwas unter

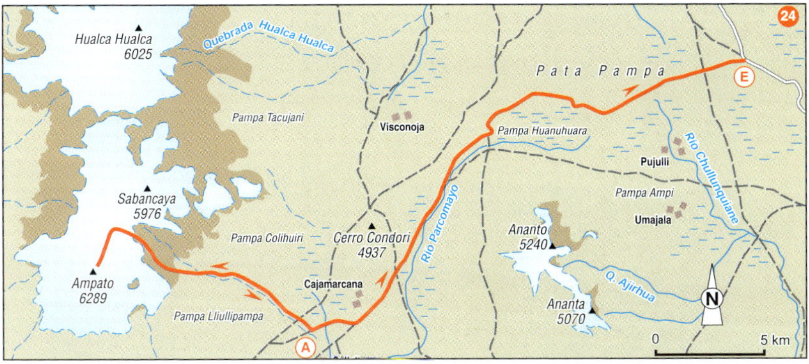

Tagesetappen	Gehzeit	Entfernung	Anstieg	Abstieg
1. Sallalli (4400 m) – Arena Blanca (4600 m)	2–3 Std.	3 km	200 m	–
2. Arena Blanca (4600 m) – Gipfel Ampato (6288 m) – Arena Blanca (4600 m)	10–12 Std.	28 km	1688 m	1688 m
3. Arena Blanca (4600 m) – Pata Pampa (4800 m)	8–10 Std.	26,5 km	400 m	200 m
Total:			2888 m	1888 m

5000 m Höhe entlang und dann in Serpentinen hinunter zum Río Parcomayo. Die Straße wird schlechter, und manchmal befürchten wir, dass der Wagen stecken bleibt. Am Rande des Sumpfes, beim Orientierungspunkt Sallalli, haben wir unser erstes Ziel, genauer unseren Ausgangspunkt, erreicht.
Wir schultern unser Gepäck und gehen in nordwestlicher Richtung dem Berg entgegen. Nach etwa 3 Stunden lagern wir in etwa 4600 m Höhe am Rande des großen Lavafeldes. Wasser muss vom Ausgangspunkt in Sallalli mitgebracht werden. Bis kurz unterhalb des Gipfels ist kein Wasser zu finden.

2. Tag: Anstieg vom Basislager

Aus diesem Grund wollen wir am zweiten Tag den Gipfel in einem Zug besteigen. Früh am Morgen gehe ich als Erster los; meine beiden Begleiter verstauen Zelte und nicht notwendige Ausrüstung in den Seesäcken und verstecken diese in dem haushohen Geröllfeld. Sie werden mich einige Stunden später, in 5200 m Höhe, einholen.
Der Anstieg geht oberhalb des ersten Eisfeldes jetzt in südliche Richtung.

Tipp Man sollte ab und zu hinüber zum Vulkan **Sabancaya** schauen. Seine Eruptionen sind ein gewaltiges Naturschauspiel. Völlig lautlos stößt er alle paar Stunden gewaltige Dampffontänen in den Himmel.

Der Opferberg der Inkas, der Ampato. Am Gipfel, in mehr als 6000 m Höhe, wurden Gletschermumien entdeckt.

Der Sabancaya liegt hinter uns. Im Westen kann man schon die Laguna Mucurca erkennen. Nur noch wenige Meter fehlen zur lang gezogenen Plattform, die sich in genau 6000 Meter Höhe befindet. Es ist in der Zwischenzeit 16.15 Uhr. Weitergehen und ein Biwak in über 6000 m Höhe in Kauf nehmen, oder umkehren und den Gipfel sausen lassen? Ich entscheide mich sehr schnell für die zweite Möglichkeit. In zwei Stunden wird es dunkel sein. Bis zu unserem Basislager brauchen wir mindestens drei Stunden. Fidencio, der ein Stück vorangeklettert ist, bestärkt schließlich meinen Entschluss. Das Eis hat schon angezogen, ohne Steigeisen wären wir nicht zum Gipfel gekommen. Wir hatten den Aussagen von anderen Bergsteigern vertraut, die ohne Steigeisen zum Gipfel gestiegen waren, und hatten aus Gewichtsgründen unsere im Basislager zurückgelassen. Durch die starke Sonneneinstrahlung tagsüber kann man sicher darauf verzichten. Jetzt, am Nachmittag, ist es sehr schnell kalt geworden.

Dass der Mond erst sehr spät aufgeht, ist ein weiteres Argument, nicht weiterzugehen. Wir merken es beim Abstieg. Nach zwei Stunden ist es stockdunkle Nacht. Nach einer weiteren Stunde elender Stolperei meinen meine Begleiter in der Nähe unseres Lagers zu sein. Ihre Fähigkeit, auch in der Dunkelheit einzelne Details wahrzunehmen, ist unbezahlbar. Sie haben sich nur um 50 Meter vertan. Wir steigen durch ein kleines, ausgetrocknetes Flusstal und sind nach wenigen Schritten an unserem Platz angelangt.

3. Tag: Zurück zur Straße nach Arequipa

Am nächsten Tag wartet in **Sallalli** natürlich kein Fahrzeug auf uns. Wir wollen bis zur Straße Chivay – Arequipa laufen. Dort kommen zumindest tagsüber regelmäßig Busse und Lkws vorbei. Es vergeht ein langer Tag mit einem lang gezogenen Anstieg zur Pata Pampa, die wir erst am späten Nachmittag erreichen. Von dort sind es immer noch 12 Kilometer bis zur Straße. Kleinere Anstiege versperren immer wieder die Sicht nach Osten. Schließlich ist es dunkel. Wir laufen und stolpern durch den Sand vorwärts. Nur nicht die Fahrspur verlieren! Sie ist der einzige Hinweis auf die Gehrichtung. Nach weiteren zwei Stunden Schinderei bespreche ich mich kurz mit den Begleitern: Wir gehen noch eine halbe Stunde, dann wird ein Notlager errichtet. Wenige Minuten später der erste Hoffnungsschimmer: Am Horizont erkennen wir einen Lichtkegel, der sich im Nebel, der zwischenzeitlich aufgezogen ist, bricht. Hoffnung keimt auf, doch noch auf die Straße zu treffen. Nach weiteren 20 Minuten wieder ein Lichtkegel, ganz in der Nähe. Ich renne los, schaffe es aber nicht mehr bis zur Straße. Ein Lkw donnert mit Getöse vorbei. Aber wenigstens haben wir die Straße erreicht. »Wir stellen uns hier hin, dort ist Süden«, erkläre ich meinen Begleitern. Trotz der Dunkelheit kann ich erkennen, dass Fidencio lacht. »Das Kreuz des Südens ist dort drüben«, sagt er. Tatsächlich, die stundenlange Marschiererei in der Dunkelheit hat mich die Orientierung verlieren lassen. Den erstbesten Sternhaufen habe ich für das Kreuz des Südens gehalten.

Nicht viel später deutet sich das nächste Fahrzeug an. Dieselbe Prozedur wie immer: Sturmhaube und Mütze runter und die Hand raushalten. Der Lichtkegel des Lkw erfasst mich, und das Fahrzeug verlangsamt seine Geschwindigkeit. Drei Personen in der Fahrerkabine schauen mich mit grenzenlosem Erstaunen an. »Nach Arequipa? Na klar, steigt ein.« Wir wuchten die schweren Seesäcke über die hölzerne Bordwand und machen es uns zwischen leeren Ölfässern so gut es geht bequem. Zwei weitere Fahrgäste liegen stark vermummt auf der Ladefläche.

Die folgenden Stunden haben wir Zeit, den südlichen Sternenhimmel anzuschauen und, so gut es geht, uns mit Ponchos gegen die durchdringende Kälte zu schützen. Und es ist genügend Zeit darüber nachzudenken, warum man der Gletschermumie den Namen Juanita gegeben hat. Ich jedenfalls hätte ihr einen Namen auf Ketschua gegeben. Vielleicht »shipash warmi rajucho une wanurkan«, auf deutsch: »Die junge schöne Frau, die vor langer Zeit im Eis starb.«

Tipp Starker Wind, beißende Kälte und extremer Wassermangel stellen an den Trekker und Bergsteiger hohe Anforderungen. Wer sich in diesem Wüstengebiet aufhält, muss sich darüber im Klaren sein, dass im Notfall keine Hilfe zu erwarten ist. Abseits der schon sehr selten befahrenen Piste hält sich niemand auf. Und bis die nächste Trekkinggruppe kommt, können Wochen vergehen.

TREKKING GUIDE

SERVICETEIL FÜR TREKKER

Bei schwierigen Übergängen ist die Trittsicherheit der Esel unbezahlbar.

Allgemeine Reisetipps

Anreise

Lima ist der wichtigste Flughafen an der Westküste Südamerikas. Er wird deshalb von zahlreichen Fluggesellschaften aus Europa und Amerika bedient. Iberia (über Madrid), KLM (über Amsterdam), American Airlines (über Dallas/Fort Worth), Continental (über Houston bzw. Newark), Delta (über Atlanta), LanChile (über Santiago de Chile) sowie VARIG (über Rio de Janeiro bzw. São Paulo) bieten genügend Flugverbindungen in die Hauptstadt Perus.

Stärker nachgefragt werden Flüge nach Lima erfahrungsgemäß über Ostern und Weihnachten sowie in den Monaten Juni bis August. Die Flugzeit (ohne Zwischenlandungen) beträgt etwa 14 Stunden.

Visa

Zur Einreise nach Peru wird ein Reisepass benötigt. Am Flughafen wird ein kostenloses Visum von 60 oder 90 Tagen Dauer ausgestellt. Der eigene Reisepass sollte ab Ausreisedatum noch sechs Monate gültig sein.

Zollbestimmungen

Bei der Einreise ist eine Zollerklärung auszufüllen, die meist schon vor der Landung im Flugzeug verteilt wird. Die Kontrollen beschränken sich für Touristen normalerweise nur noch auf Stichproben. Kontrollen können aber trotzdem möglich sein.
Die beiden wichtigsten Bestimmungen für die Ausreise sollten jedem Reisenden von Vornherein klar sein: kein Rauschgift und keine archäologischen Gegenstände! Lima ist der Abflughafen für viele Amateurdealer, aber auch für Rauschgiftprofis. Entsprechend streng sind die Kontrollen schon bei der Gepäckaufgabe. Aber auch im Wartebereich, auf dem Vorfeld und an der Gangway muss noch mit Kontrollen gerechnet werden. Wer in Lima erwischt wird, hat es dann mit der peruanischen Justiz und den miserablen Gefängnissen zu tun. Allein das ist schon Grund genug, die Finger von solchen Dingen zu lassen.
Die Ausfuhr jeglicher Art archäologischer Gegenstände ist verboten. Auch hier werden Kontrollen in Lima und anderen internationalen Flughäfen Perus durchgeführt.
Bei der Rückkehr nach Europa sind die Bestimmungen des jeweiligen Ziellandes zu beachten. Die Einfuhr von Kokablättern (für Cocatee) ist z. B. in Deutschland verboten.

Zeitverschiebung

Der Zeitunterschied zu Deutschland beträgt minus sechs Stunden; d. h., wenn es in Deutschland 12.00 Uhr Mittag ist, dann ist es in Peru 6.00 Uhr früh. Während der mitteleuropäischen Sommerzeit beträgt der Zeitunterschied sieben Stunden.

Verständigung/Sprache

Wer sich seine Tour selbst organisiert, sollte zumindest über Grundkenntnisse der spanischen Sprache verfügen. Es erleichtert die Verhandlungen beim Anmieten von Tragtieren ungemein; die Gefahr von Missverständnissen wird verringert. Auch wenn

auf dem Land die Bewohner noch überwiegend Ketschua sprechen, lässt sich immer jemand finden, der auch Spanisch spricht. Weitergehende Sprachkenntnisse können von der Landbevölkerung nicht erwartet werden. Nur in den Touristenzentren wie Lima oder Cuzco kommt man mit Englisch weiter.
In den Städten des Hochlands verdrängt das Spanische allmählich das Ketschua. In den Behörden verstehen die Angestellten diese Sprache zwar noch, geantwortet wird aber meist auf Spanisch. Die erwachsene Bevölkerung von Huaraz oder Cuzco spricht zwar noch überwiegend (oder versteht zumindest) Ketschua, bei den Kindern jedoch sieht es völlig anders aus.

Reisen in Trekkinggruppen

Der Begriff Bergwandern wird in Peru gewöhnlich benutzt, wenn ein Tourist seine Ausrüstung selbst trägt. Trekking findet statt, wenn dem Reisenden diese »Arbeit« abgenommen wird, sei es durch Tragtiere (Esel, Pferde, Lamas) oder durch Träger. In den Cordilleras Blanca und Huayhuash sind Esel als Tragtiere gebräuchlich, in den südlichen Gebirgen um Cuzco Pferde. Eine Ausnahme bildet der Inkaweg, auf dem Tragtiere verboten sind; hier sind Träger im Einsatz. Lamas als Tragtiere spielen eine untergeordnete Rolle und sind vorwiegend in der Cordillera Vilcanota anzutreffen.
Trekking- bzw. Bergwandergruppen lassen sich wie folgt unterteilen: Zum einen sind da die Bergwanderer, die ihr Gepäck selbst tragen und meist allein oder in kleinen Gruppen unterwegs sind und alles selbst organisieren. Dann gibt es die Gruppen, die sich Tragtiere selbst organisieren. Schließlich die Gruppen und manchmal auch Einzelpersonen, die ihre Tour bei einem Reiseveranstalter in Europa oder vor Ort in Peru gebucht haben.

Pauschal-Trekkingreisen

Am einfachsten haben es die »Pauschaltrekker«. Sie brauchen sich weder um Transportmittel zum Ausgangspunkt der Trekkingtour, noch um das Mieten von Tragtieren zu kümmern. Der Kauf der Lebensmittel, die Essenszubereitung und der Aufbau der Zelte wird ihnen abgenommen. Neben der persönlichen Ausrüstung muss einzig noch ein Schlafsack mitgebracht werden. Als

bequemste ist dies aber auch die teuerste Methode, eine Trekkingtour zu unternehmen.
Wer schon in Deutschland buchen will, sollte sich vom Peruanischen Generalkonsulat, Kaiserstraße 74–78, 63065 Offenbach am Main, eine Liste der deutschen Veranstalter zuschicken lassen.
Die zweite Gruppe, die sich nach Tragtieren und Treibern selbst umschaut und sich auch Lebensmittel, Kochgeräte und Transportmittel selbst besorgt, kommt billiger weg. Entsprechende Zeit für die Organisation sollte aber einkalkuliert werden. Spanischkenntnisse sind von Vorteil, wenn es um das Aushandeln der Bedingungen für Transportmittel und Tragtiere geht.

Trekking ohne Träger und Tragtiere
Die Gruppen der Bergwanderer, die auf Tragtiere verzichten und alles selbst tragen, trifft man hauptsächlich auf der Standardroute von Cashapampa nach Llanganuco, selten jedoch auf größeren Strecken wie etwa der Huayhuash-Rundtour. Neben Zelt, Isoliermatten und Schlafsack müssen auch Kocher, Kochgeschirr, Lebensmittel und Brennstoff getragen werden. Dies ist die mühsamste, aber auch unabhängigste und billigste Form des Trekking. Auf dem Inkaweg ist diese Trekkingform nicht mehr erlaubt.

Transportmittel zu den Ausgangspunkten

Viele Ausgangspunkte der Touren lassen sich mit öffentlichen Verkehrsmitteln erreichen. Diese sind billig, haben aber den Nachteil, dass sie entsprechend lang unterwegs sind. Die bequemste und schnellste Weise, zu den Ausgangspunkten zu kommen, ist das Mieten eines Fahrzeugs, sei es eines Wagens mit offener Ladefläche oder eines Kleinbusses. In Peru sind diese Fahrzeuge und diese Art der Fortbewegung unter dem Begriff *expreso* bekannt. Der Vorteil: Der Wagen fährt ab, wann die Gruppe es will, es ist kein Umsteigen nötig, und das Gepäck kann besser kontrolliert werden. Außerdem lässt sich erheblich Zeit sparen. Eine Besonderheit sollte aber beachtet werden: Diese Fahrzeuge fahren normalerweise ohne Halt zum Ziel durch. Wer unterwegs öfter fotografieren oder zum Frühstück bzw. Mittagessen einkehren will, sollte das vorher mit dem Fahrer absprechen.

Expresos kann man in den Trekkingagenturen in Huaraz und Cuzco mieten, oder man sucht sich das Fahrzeug selbst, in Huaraz z. B. an der Brücke über den Río Quilcay (Av. Fitzcarrald).

Tragtiere und Treiber

Die Benutzung von Tragtieren und Treibern in den peruanischen Kordilleren empfiehlt sich aus verschiedenen Gründen: Bei vielen Touren werden Höhen erreicht, die dem höchsten Berg Europas, dem Montblanc (4807 m), nahe kommen oder ihn sogar übertreffen. Viele Touristen könnten diese Touren gar nicht gehen, müssten sie noch ihren eigenen Rucksack schleppen. Wer mit Tragtieren unterwegs ist, muss sich vor allem bei Lebensmitteln, Kochutensilien und Zelten nicht auf das Notwendigste beschränken.
Bei Touren, die länger als vier oder fünf Tage dauern, sollten auf jeden Fall Tragtiere mitgenommen werden. Auf diese Weise bleibt auch etwas Geld in den Dörfern hängen, die ansonsten vom Fremdenverkehr nicht viel profitieren würden. Meist sind es jüngere Touristen, die ihr Gepäck aus Kostengründen selbst tragen oder auch Bergsteiger, die sich auf ihrem Weg zum Basislager akklimatisieren wollen.

Mieten von Tragtieren

Gruppen oder Einzelpersonen, die sich alles selbst organisieren, sollten bei der Miete von Tragtieren einige Dinge beachten: So gilt generell der Grundsatz, dass ein Treiber *(arriero)* keinen Esel vermietet, ohne seine eigenen Dienste mit einzuschließen. Das heißt, für jeweils drei bis vier Esel muss ein Treiber mitverpflichtet werden.
Selbst wenn man Tragtiere ohne Treiber zu bekommen versucht, würden die Nachteile überwiegen. Das erste Problem, das jeden Tag neu gelöst werden muss, ist die richtige Beladung der Tragtiere. Die *arrieros* haben diesen Vorgang bis zur Perfektion entwickelt und wissen ganz genau, wie viel jeder einzelne Esel tragen kann.

Der Esel, das beste Tragtier

Esel brauchen nach Erreichen des Nachtlagers Auslauf, müssen später dann aber an den Vorderbeinen gefesselt werden, da sie sonst zu weit weglaufen. Ein ungefesselter Esel läuft beim Grasen bergab und kann sich am Morgen schon einige Kilometer entfernt aufhalten. Esel sind wesentlich trittsicherer als etwa Pferde. Diese stolpern häufig, vor allem bei steilen Abstiegen.

Verträge mit *arrieros*

Wer Tragtiere mietet, macht am besten einen schriftlichen Vertrag oder skizziert wenigstens die wichtigen Punkte. Einige Besonderheiten, die für die *arrieros*, nicht aber für die Touristen selbstverständlich sind: Wurde eine Tour auf fünf Tagesetappen festgelegt und ist schon nach vier Tagen der Endpunkt erreicht, wird jeder Treiber trotzdem die Bezahlung für fünf Tage verlangen. Begründung: Fünf Tage waren vereinbart. Dies ist überall verbreitet, und da hilft auch nicht der Hinweis, in anderen Ländern wäre dies nicht üblich. Es kann aber folgendes getan werden: Die Tragtiere werden für vier Tage gemietet; sollte man einen Tag länger unterwegs sein, dann wird am Ende eben ein Tag extra bezahlt. So wird das Risiko umgangen, womöglich für nicht erhaltene Leistungen bezahlen zu müssen.

Eine weitere Selbstverständlichkeit ist es, bei nicht vollständigen Rundtouren, wie Cashapampa – Llanganuco oder Honda – Ulta, dem Treiber die Zeit für die Rückkehr zu seinem Heimatort

Steinmauern, die oft an Bergkämmen zu finden sind, grenzen Viehweiden ab (hier auf dem Chinchaysuyo-Highway, Tour 15).

(retorno) als Mietzeit anzuerkennen. Für die Strecke vom Endpunkt Llanganuco zurück nach Cashapampa beträgt dies einen Tag, auch wenn die *arrieros* immer wieder versuchen, zwei Tage bezahlt zu bekommen. Bis jetzt hat noch jeder die Strecke an einem Tag geschafft. Auf jeden Fall sollte bei Vertragsabschluss auch an diesen Punkt gedacht werden.
Der Mieter ist auch immer für die Verpflegung und die Unterbringung des Treibers verantwortlich. Das bedeutet, dass zusätzlich Lebensmittel eingekauft werden müssen. Da die *arrieros* in der Regel keine eigenen Zelte haben, muss auch für das Dach über dem Kopf gesorgt werden. Ansonsten müssten sie, in Eiseskälte nur in einige Decken gehüllt, im Freien schlafen. Ein Kochzelt, das größere Gruppen meist dabei haben, eignet sich gut zur Unterbringung.

Tarife
In den Cordilleras Blanca und Huayhuash sind folgende Tarife üblich: Treiber 7–11 US-Dollar am Tag; Esel 5–7 US-Dollar, Pferde 6–8 US-Dollar, Lamas 4–6 US-Dollar. Die Preise können in den Monaten Juli und August etwas anziehen. In Shilla und Vicos liegen sie immer niedriger als etwa in Cashapampa. Das Preisniveau im Süden (Cuzco, Arequipa) liegt, mit Ausnahme der Cordillera Vilcanota, über dem von Huaraz und Chiquián.
Die Preise hängen darüber hinaus auch vom Verhandlungsgeschick und den Sprachkenntnissen des Interessenten ab.

Kleidung und Ausrüstung

Kleidung
Schuhe Wichtig sind feste Trekking- oder Bergschuhe. Natürlich können auch leichte Sportschuhe benutzt werden. Mit folgenden Ereignissen muss aber gerechnet werden: An den Pässen kann Schnee liegen, und zu Beginn der Trekkingsaison in den Monaten April und Mai sind viele Wege durch die Niederschläge der Regenzeit noch überflutet. Einige Passabstiege sind sehr steinig und mit Sportschuhen nicht gerade angenehm zu gehen. Ein Grundsatz, der sich überall in den Bergen bewährt hat: Für gute Wege oder Straßen Turnschuhe, für das »Gelände« feste Trekking- oder Bergstiefel.

Oberbekleidung Wegen der Höhe und daraus folgend der Kälte nach Sonnenuntergang braucht man unbedingt warme Oberbekleidung, am besten eine Daunenjacke. Eine Thermohose, wie sie die Skifahrer verwenden, eignet sich gegen die Kälte am frühen Morgen und nach Einbruch der Dunkelheit. Auf eine Wollmütze *(gorra)* und ein Paar Wollhandschuhe *(guantes)* sollte ebenfalls nicht verzichtet werden. Es gibt sie billig in Huaraz, Chiquián oder Cuzco zu kaufen. Angesichts der starken Tropensonne sollten eine Kopfbedeckung und eine Sonnenbrille benutzt werden. Gegen den Wind auf manchen Passhöhen und gegen Regen und Schnee braucht man selbstverständlich einen Anorak, wenn möglich auch eine Überhose aus wasserdichtem Gewebe.

Mieten von Ausrüstung

Wer nur eine kleine Trekkingtour im Rahmen einer Perureise plant, ist gut beraten, sich die notwendige Ausrüstung vor Ort zu mieten. Auf der Weiterreise ärgert man sich dann nicht über sperrige und schwere Gegenstände wie Isoliermatte oder Zelt. Außerdem muss man dann nicht andauernd Angst vor Diebstählen haben. In Huaraz und Cuzco (weniger in Chiquián und Arequipa) ist heutzutage alles zu bekommen, was für eine Trekkingtour gebraucht wird. Und die Preise sind angemessen.

Vor der Anmietung sollten Sie die Gegenstände auf Vollständigkeit und Funktionstüchtigkeit prüfen. Wer noch nie mit einem Kocher gearbeitet hat, sollte sich zeigen lassen, wie dieser in Gang gesetzt wird und wie sich eine verstopfte Düse reinigen lässt. Zelte lässt man sich aufbauen, man kann dann gleich kontrollieren, ob sie sich in einwandfreiem Zustand befinden (Risse; genügend Heringe). Bei der Rückgabe der Gegenstände wird dies vom Vermieter kontrolliert. Wer will schon für Schäden bezahlen, die schon vorher bestanden haben?

Alle Vermieter verlangen eine Kaution, die sich am Neupreis der vermieteten Sache orientiert und gewöhnlich in US-Dollar hinterlegt werden muss. Es werden aber auch Reiseschecks und Reisepässe als Kaution genommen. Wer seinen Pass hinterlegt, sollte die wichtigsten Seiten fotokopiert haben.

Vom einfachen Ein-Personen-Zelt über die am meisten gebräuchlichen Zwei-Personen-Igluzelte zu Koch- und großen Aufenthaltszelten gibt es in Huaraz und Cuzco alles zu mieten.

Mietentgelte Die Preise für das am meisten nachgefragte Zwei-Personen-Zelt liegen bei 2,50–3 US-Dollar am Tag. Die kleinen Gaskocher werden für 1–1,50 US-Dollar vermietet. Gaskartuschen gehen extra. Kerosin- bzw. Benzinkocher, die eine bessere Brennstoffausnützung und schnelleres Kochen durch stärkere Flamme bieten, kosten je nach Größe 1–2 US-Dollar am Tag. Größere Gruppen können nach Zweiflammenherden mit Gasballon fragen. Isoliermatten werden zu 0,50 Dollar pro Tag vermietet. Bergschuhe 1–2 US-Dollar, je nach Größe und Zustand; Daunenjacken liegen bei 1,50–2 Dollar, Schlafsäcke bei 2,50–3,50, Rucksäcke bei 1–1,50 Dollar pro Tag. Außerdem gibt es zur Miete: Wasserflaschen, Sonnenbrillen, Kochutensilien (Töpfe, Pfannen), Geschirr, Besteck, Tagesrucksäcke, Kompass etc.

Ausrüstung

Die drei wichtigsten Dinge, ohne die eine Berg- oder Trekkingtour nicht begonnen werden kann, sind ein Zelt (möglichst Doppelwand), eine Isoliermatte und ein Schlafsack. Da es nur ganz wenige Schutzhütten gibt, sind die genannten Gegenstände zum Überleben notwendig. In der Nähe von Pässen können in einer klaren Nacht leicht 10 Grad minus erreicht werden.

Dann gehört zur Mindestausstattung ein Kocher mit Brennmaterial sowie ein Topf und Besteck. Wer Tragtiere benutzt, kann natürlich wesentlich mehr Dinge mitnehmen, als ein Bergwanderer, der seine Ausrüstung selber trägt. So lässt sich statt eines einfachen Gaskochers mit Kartusche ein leitstungsfähiger Kerosin- oder Benzinkocher mitnehmen. Noch bequemer und sauberer sind zweiflammige Gasherde, die von einem Gasballon gespeist werden.

Schon mehr zum »Luxus« gehört ein hohes Kochzelt; es hat den Vorteil, dass man nicht im Regen oder Wind oder in der Dunkelheit kochen muss. Außerdem eignet es sich zur Unterbringung der *arrieros*.

Kochen Für das Kochen werden natürlich Töpfe, Pfannen, Geschirr und Besteck in ausreichender Zahl benötigt. Die besseren Ausrüstungsläden haben alles vorrätig. Wer Bedarf hat, kann sich Gas- oder Petromaxlaternen und sogar Klappstühle mieten.

Für den Gaskocher lassen sich die notwendigen Gaskartuschen in vielen Ausrüstungsläden in Huaraz und Cuzco finden. (Wer vor-

hat, sie aus Europa mitzubringen: Es ist verboten, Gaskartuschen mit ins Flugzeug zu nehmen.) Kerosin *(kerosene)* für den Kocher wird an Tankstellen, gereinigtes Benzin *(bencina)* wird in Eisenwarenhandlungen *(ferreterias)* verkauft.

Die arrieros sind treue und zuverlässige Begleiter einer Trekkingtour.

Verpflegung

Wer Trekking im Rahmen einer organisierten Tour unternimmt, braucht sich weder um das Einkaufen von Lebensmitteln noch um das Zubereiten von Speisen und auch nicht um das Abspülen zu kümmern.

Diejenigen, die sich ihre Trekkingtour selbst organisieren und länger als drei Tage unterwegs sind, sollten sich bei der Zusammenstellung der Lebensmittel einige Gedanken machen. Nur Fertigsuppen mitzunehmen, ist einfallslos. Die Vielfalt der auf den Märkten angebotenen Lebensmittel sollte genutzt werden, um sich einen abwechslungsreichen Speiseplan zusammenzustellen.

Bei den organisierten Touren gibt es die Hauptmahlzeit nach Erreichen des Lagerplatzes am späten Nachmittag. Um den Magen nicht zu sehr zu belasten und nicht zu viel Zeit mit dem Kochen zu verlieren, gibt es mittags nur einen Imbiss, *comida volante* genannt. Am Morgen bieten die Veranstalter ein ausgiebiges Frühstück.

Nachfolgend werden einige Produkte genannt, die für die Zubereitung der Speisen gebraucht werden. In Klammern die jeweiligen Begriffe in Spanisch.

Frühstück

Zum Frühstück bietet sich an: Pulverkaffee *(café)*, Tee *(té)*, in Beuteln *(en bolsas)* oder lose *(suelto)*, und Kakao *(cocoa)*. Dazu Milchpulver *(leche en polvo)*, wobei man nicht die billigste Sorte nehmen sollte. Weißer Zucker *(azúcar blanca)* wird kilo- oder halbkiloweise abgepackt *(un kilo, medio kilo)*. Brauner Zucker *(azúcar rubia)* ist noch weit verbreitet.

Brot *(pan)* entspricht etwa der einfachsten Sorte unserer Brötchen und wird schnell altbacken. Es sollten deshalb noch Kekse *(galletas)*, gesalzen und ungesalzen, mitgeführt werden. Sonstige Lebensmittel können sein: Butter *(mantequilla)*, Margarine *(margarina)*, Marmelade *(mermelada)*, Honig *(miel)* und Eier *(huevos)*.

Mittagessen

Um gegen Mittag nach einigen Stunden Gehzeit den Durst zu löschen, mixt man den Inhalt eines Beutels Instantgetränk mit Wasser. Die Beutel mit dem Getränkepulver werden in verschiedenen Geschmacksrichtungen angeboten wie Maracuja, Ananas *(piña)* und Orange *(naranja)*. Dazu schmecken Maiskörner *(cancha)*, die es auf dem Markt gibt und die vor Beginn einer Tour in einer Pfanne mit reichlich Salz geröstet werden. Brot mit Käse *(queso)*, Schokolade *(chocolate)* und Obst wie Äpfel *(manzanas)*, Bananen *(plátanos)* und Orangen *(naranjas)* sowie andere tropische Früchte, wie die saftigen Chirimoyas oder Mangos, vervollständigen den Imbiss.

Abendessen

Lebensmittel für das ausgiebige Abendessen können sein: Reis *(arroz superior)*, Kartoffeln *(papa blanca)*, Süßkartoffeln *(camo-*

te), dünne Nudeln für Suppe *(fideos cabello de ángel)*, Bandnudeln *(tallarines)*, Zwiebeln *(cebollas)*, Tomaten *(tomates)*, grüne Bohne *(vainitas)*, Sellerie *(apio)*, Speckbohnen *(pallares, frejoles)*, Blumenkohl *(coliflor)*, Avocado *(palta)*, Karotten *(zanahoria)*, Maiskolben *(choclo)*, Paprika *(pimentón)*, Radieschen *(rabanitos)*, weiße Rüben *(nabos)* neben zahlreichen anderen. Suppenwürfel heißen *cubitos*, Speiseöl heißt *aceite*, Essig *vinagre*, Salz *sal*, Pfeffer *pimienta* und Tomatenmark *pasta de tomate*.
Für einen Nachtisch bietet sich an: Pudding *(budín)* oder die regionale Süßspeise *manjar blanco*, die aus kondensierter Milch hergestellt wird.

Freundlich, aber immer auch schlagfertig: Die Marktfrauen von Huaraz.

Sonstiges
Noch ein paar Dinge, die es in den Geschäften und auf dem Markt gibt, und die nicht vergessen werden sollten: Streichhölzer *(fósforo)*, Kerzen *(vela)*, Batterien *(pila)*, Seife *(jabón)* und Toilettenpapier *(papel higiénico)*.

Märkte
Die Märkte, auf denen die vorstehend genannten Dinge erhältlich sind, finden in größeren Städten in Markthallen statt (z. B. Cuzco), in mittleren Städten in Markthallen und im Freien (z. B. Huaraz) und in kleinen Städten nur im Freien (z. B. Ollantaytambo). Freiluftmärkte beginnen täglich bei Sonnenaufgang und sind gegen Mittag beendet; die Stände in den Markthallen haben auch noch am Nachmittag geöffnet.

Sicherheit

Negative Erfahrungen bei einer Perureise werden meist im Zusammenhang mit Diebstählen gemacht. Natürlich ist Peru immer noch ein armes Land, aber es sind mehr professionelle Banden, die die Touristen bestehlen, als wirklich Bedürftige. Meist geschehen die Diebstähle in den Städten, auf dem Land kommen sie eher selten vor. Wer sich vor der Reise ein paar Gedanken über sein Gepäck und seine Wertsachen macht, kann sich viel Ärger ersparen.
Sobald man mit einem Treiber oder im Rahmen einer organisierten Tour unterwegs ist, ist die Gefahr, auf einer Trekkingtour bestohlen zu werden, relativ gering. Die Mehrzahl der *arrieros* sind ehrliche Leute. Wird einer bei organisierten Touren beim Diebstahl erwischt, dann kann er sofort den Heimweg antreten. Trotzdem sollten Wertsachen wie Fotoapparate zweckmäßigerweise im Tagesrucksack und nicht in frei zugänglichen Satteltaschen der Tragtiere untergebracht werden.
Ist ein Diebstahl vorgekommen, dann ist die örtliche Polizeidienststelle *(PN – Policía Nacional)* zuständig. Dort lässt man den Vorfall aufnehmen und sich eine Bestätigung *(constancia)* über die gestohlenen Sachen geben. In jedem Fall ist der zum Ort des Diebstahls nächst gelegene Polizeiposten zuständig. Ist man in Llanganuco bestohlen worden, dann geht man in Yungay zur Polizei und nicht erst in Huaraz.

Gesundheit

Akklimatisierung, Höhenkrankheit

Der wichtigste Punkt in diesem Zusammenhang ist die Frage nach der Höhenverträglichkeit. Wer früher schon mit der Höhe Probleme hatte, sollte sich die Teilnahme an einer Trekkingtour gut überlegen. Im Bereich der Cordillera Blanca werden bei vielen Touren Höhen von 4700 m und darüber erreicht. Bei der Umrundung der Cordillera Huayhuash sind nicht weniger als acht Pässe zu überschreiten, die alle zwischen 4300 und 4975 m hoch liegen. Der höchste Berg Europas, der Mont Blanc, ist 4807 m hoch, und die meisten, die ihn besteigen wollen, kommen wegen der »dünnen Luft« nicht bis zum Gipfel. Es ist

also leicht nachvollziehbar, wie es einem ergeht, wenn die erforderliche Höhenanpassung fehlt.
Grundvoraussetzung für jede Trekkingtour ist deshalb eine ausreichende Akklimatisierung. Vor Beginn der Tour sollte man sich einige Tage in Höhen über 3000 m aufhalten. Die Städte Huaraz (3090 m) und Cuzco (3400 m) eignen sich dafür hervorragend. Dabei müssen diese Tage nicht untätig verbracht werden. Von Huaraz wie auch von Cuzco bieten sich Tageswanderungen oder Ausflüge zu den verschiedenen Ruinen an.
Wer sich vor Antritt der Trekkingtour bereits in anderen Hochregionen Perus, Boliviens oder Ecuadors aufgehalten hat, kann meist auf eine Akklimatisierung verzichten. Wer sich zwischendurch aber eine oder zwei Wochen in Lima an der Küste erholt hat, der hat schon wieder viel von seiner Höhenanpassung verloren.
Anzeichen einer beginnenden Höhenkrankheit können Schwindelgefühle, Übelkeit, Kopfweh, Kurzatmigkeit oder Orientierungsverlust sein. Treten ein oder mehrere Symptome in leichter Form auf, dann hilft in den meisten Fällen eine ausgedehnte Pause, um diese wieder abklingen zu lassen. Werden die Anzeichen für eine Höhenkrankheit dagegen stärker, dann hilft nur ein Mittel: Die betreffende Person muss sofort in tiefere Lagen gebracht werden. Das gilt auch, wenn die Symptome mitten in der Nacht auftreten. Wer meint, mit dem Abstieg noch bis zum nächsten Morgen warten zu können, leistet dem Betroffenen einen schlechten Dienst. Für diesen kann der Rettungsversuch schon zu spät sein.
Bei organisierten Touren wird gewöhnlich ein gesatteltes Pferd für Notfälle *(caballo de emergencia)* mitgeführt. Dies vermindert für eine kranke Person zwar die Anstrengungen eines Anstiegs zum nächsten Pass; eine Garantie für eine Rettung ist es aber auch nicht. Bei steilen und hohen Passanstiegen muss oft abgesessen werden, da auch Pferde in großer Höhe in ihrer Leistungsfähigkeit nachlassen. Auch die Tatsache, dass sie leicht stolpern und an schmalen Stellen aus Sicherheitsgründen von den *arrieros* am Zügel geführt werden müssen, verlangsamt eine Rettung. Der Akklimatisierung sollte auch deshalb Beachtung geschenkt werden, weil das Rettungswesen nicht unseren Maßstäben entspricht.

Trinkwasser

Der zweite wichtige Punkt, der die Gesundheit betrifft, ist die Behandlung des Trinkwassers. Wie auf jeder Trekkingtour schnell erkannt wird, weidet Vieh in allen Cordilleras bis in Höhen von 4600 m (manchmal sogar darüber) und verschmutzt die Flüsse. Deshalb sollte vorsichtig mit Wasser umgegangen werden, das aus einem Hauptfluss geschöpft wurde. Wesentlich sauberer ist das Wasser, das aus kleinen Seitenflüssen kommt. Wasser direkt von einem Gletscher kann normalerweise unbehandelt verwendet werden. Sicherer ist es aber, alles Wasser mit den handelsüblichen Entkeimungsmitteln zu behandeln. Die Entkeimungsmittel, die es flüssig oder in Tablettenform gibt, bzw. die Entkeimungsanlagen in Taschenformat haben sich als die praktischste Lösung dieses Problems erwiesen. Zweckmäßigerweise werden die Utensilien schon zu Hause in Europa besorgt. In Peru haben nur wenige Ausrüstungsläden dergleichen vorrätig.

Beim Trekking in der trockenen Höhenluft kommt es zu einem starken Flüssigkeitsverlust durch Schwitzen und Ausatmen. Es ist daher sehr wichtig, im Laufe des Tages und bei den Mahlzeiten genügend Flüssigkeit zu sich zu nehmen. Beim Frühstück sollte man sich nicht nur auf ein oder zwei Tassen Tee oder Kaffee beschränken. Für den Imbiss zur Mittagszeit heißt es schon am Morgen die entsprechenden Getränke vorzubereiten. Zur Hauptmahlzeit am späten Nachmittag am jeweiligen Lagerplatz gehört immer eine Suppe. Für die Nacht wird dann noch eine Feldflasche oder eine Thermosflasche mit Tee oder einem anderen Getränk gefüllt. Das Zelt in einer eiskalten Nacht zu verlassen, um mühevoll den Kocher in Gang zu setzen, weil einen starkes Durstgefühl plagt, passiert den meisten nur einmal.

Klimaangepasste Kleidung

Zur Gesundheitsvorsorge gehört ferner, dass Kleidung und Ausrüstung mitgeführt werden, die dem Klima entsprechen. Wie in dem Kapitel »Kleidung und Ausrüstung« schon beschrieben, sind Zelt, Isoliermatte und Schlafsack unverzichtbar. Warme Kleidung wird für die kalten Nächte in den Anden gebraucht. Reichlich Unterwäsche zum Wechseln (nasse Wäsche kühlt den Körper nach Beendigung der Anstrengung extrem schnell aus) muss man unbedingt mitführen. Für den Marsch in der Tageshitze empfiehlt sich kurze, möglichst den Schweiß nicht aufsaugende Kleidung.

Erste Hilfe

Wer alleine oder in kleiner Gruppe unterwegs ist, sollte sich vor einer Trekkingtour überlegen, was im Falle eines Unfalls unternommen wird. Das nächste Telefon kann drei Tagesmärsche entfernt sein, und dann ist noch nicht sicher, ob es auch funktioniert.

Auf alle Fälle sollte deshalb reichlich Verbandsmaterial und dergleichen mitgeführt werden. An Medikamenten sind dies in erster Linie Desinfektionsmittel, Schmerzmittel (Kopfschmerzen in großer Höhe!), Mittel gegen Durchfallerkrankungen. Wer über keine Trekkingapotheke verfügt, sollte sich von einem Reiseveranstalter oder einem hierin erfahrenen Arzt eine Liste zusammenstellen lassen.

Orientierung

Hilfreich hinsichtlich der Orientierung ist im Bereich der peruanischen Kordilleren, dass das Wetter während der Trekkingsaison überwiegend stabil ist. Die verschiedenen Schneegipfel sind dann ein gute Hilfe bei der Orientierung. Trotzdem sollte aus Sicherheitsgründen immer noch eine gute Landkarte mitgeführt werden.

Die Landbevölkerung kann in den meisten Fällen nur Informationen über die nähere Umgebung liefern. Abseits der Hauptrouten kommt dann noch das Problem der Verständigung dazu, da dort verstärkt Ketschua gesprochen wird.

Alpenvereinskarten

Zu Hause schon besorgen kann man sich die Alpenvereinskarten Cordillera Blanca Nord (Nr. 0/3a), Cordillera Blanca Süd (Nr. 0/3b) sowie Cordillera Huayhuash (Nr. 0/3c). Die ersten beiden Karten sind im Maßstab 1:100 000 erschienen, die letztere im Maßstab 1:50 000.

Bei der Karte Nord handelt es sich um eine komplett überarbeitete Neuauflage aus dem Jahr 2000, auf der Grundlage der Alpenvereinskarte aus dem Jahr 1935. Sie ist, im Gegensatz zur ersten Karte, jetzt mehrfarbig und stellt das mit Abstand beste verfügbare Kartenmaterial für Trekker dar.

Carta Nacional

Nicht so leicht erhältlich sind außerhalb Perus die Karten des Nationalen Geographischen Instituts von Peru (Instituto Geográfico Nacional – IGN), im Maßstab 1:100 000. In diesem Buch werden unter »Nützliche Hinweise« bei jeder Trekkingtour die jeweils notwendigen Kartenteile vermerkt. Die Höhenlinien mögen auf diesen Karten zwar richtig eingezeichnet sein – sehr viele Ungenauigkeiten gibt es aber in Bezug auf die Namen von Bergen, Ortschaften und Ansiedlungen. Die Karten werden in Lima vom Nationalen Geographischen Institut (IGN), *Avenida Aramburú* 1190, Lima – San Isidro verkauft. Der Stückpreis beträgt dort etwa 7 US-Dollar. Einige Ausrüstungsläden in Huaraz und Cuzco verkaufen diese Karten ebenfalls, allerdings zu einem höheren Preis.

Geld/Telefon/Post/Internet

Geld

US-Dollar sowie Euro lassen sich in den großen Städten Perus problemlos wechseln. In Huaraz befinden sich die Wechselbüros bzw. Banken in der *Avenida Luzuriaga* direkt beim Hauptplatz (*Plaza de Armas*), in Cuzco ebenfalls an der *Plaza de Armas* sowie in der *Avenida Sol*. In kleineren Städten ist es mitunter sehr schwierig, selbst US-Dollar-Banknoten gewechselt zu bekommen. US-Dollar-Reiseschecks werden je nach Bank auch ohne Gebührenabzug und in Dollar ausbezahlt.

Kreditkarten werden in besseren Restaurants oder auch von Fluggesellschaften angenommen. Generell steigt die Akzeptanz mit der Größe der Stadt, in der man sich befindet.

Telefon

Die Zeiten handvermittelter Gespräche nach Europa mit langen Wartezeiten sind in Peru vorbei. Mit Telefonkarten kann von vielen öffentlichen Apparaten ins Ausland telefoniert werden. Die Vorwahl für Deutschland ist 00 49, für Österreich 00 43 und für die Schweiz 00 41. Die Null der Vorwahl der angewählten Stadt wird weggelassen (z. B. Frankfurt/M. 00 49–69-Rufnummer).

Post
Briefe und Postkarten nach Europa brauchen im Durchschnitt sieben Tage. Die Bedeutung dieses Mediums hat aber mit dem Aufkommen des Internets stark nachgelassen.

Internet
Internetcafés sind in den letzten Jahren in Peru wie Pilze aus dem Boden geschossen. Die Preise sind wegen der Vielzahl der Anbieter günstig. Die Übertragungsgeschwindigkeiten sind akzeptabel bis gut; auffällig sind nur die kleinen Monitore und die Tastaturen mit starken Gebrauchsspuren.

Wichtige Internetadressen

Länder- und Reiseinformationen/ Reisehinweise staatlicher Stellen

www.auswaertiges-amt.de	Auswärtiges Amt, Deutschland
www.bmaa.gv.at	Bundesministerium für auswärtige Angelegenheiten, Österreich
www.eda.admin.ch/eda/g/home.htm	Eidgenössisches Departement für auswärtige Angelegenheiten, Schweiz
www.embajada-alemana.org.pe	Deutsche Botschaft, Lima
www.peru.org.pe	Touristeninformation Peru
www.trekking-peru.de	Website des Autors dieses Buches mit weiteren Informationen über Trekking und Bergsteigen in Peru

Peruanische Inlandsfluggesellschaften

www.aerocondor.com.pe	Aerocondor
www.aerocontinente.com	Aerocontinente
www.lanperu.com	LanPeru
www.starup.com.pe	Star up
www.tans.com.pe	Tans

Literatur

Bartle, Jim: Parque Nacional Huascaran, Huaraz 1985

Bartle, Jim: Trails of the Cordilleras Blanca & Huayhuash of Peru, Huaraz 1981

Beaud, Philippe: The Peruvian Andes, Grenoble 1988

Bode, Barbara: No Bells to Toll, New York 1989

Borchers, Philipp: Die Weiße Kordillere, Berlin 1935

Bradt, Hilary und George: Backpacking and Trekking in Peru and Bolivia, Boston 1980

Brod, Charles: Apus & Incas, Portland 1986

Díaz, Felipe: Callejón de Huaylas, Lima 1985

Ebersbach, Volker: Francisco Pizarro, Glanz und Elend eines Conquistadors, Frankfurt am Main 1984

Ferreira Schmidt, Kai: Peru, Bolivien, Bielefeld 2000

Frost, Peter: Exploring Cuzco, Lima 1979

Frost, Peter: Santuario histórico Machu Picchu, Lima 1995

Gareis, Iris: Die Geschichte der Anderen, Zur Ethnohistorie am Beispiel Perus (1532–1700), Berlin 2003

Hahn, Michael: Peru, Zürich 2001

Hyslop, John: The Inka Road System, New York 1984

Kirst, Detlev: Peru, Bolivien, Köln 2000

Kolff, Adam, und Bartle, Jim: Cordillera Huayhuash, Lima 1998

Moseley, Michael E.: The Incas and their Ancestors, London 2001

Oliver-Smith, Anthony: The Martyred City, Albuquerque 1986

Reid, Michael: Peru, Paths to Poverty, London 1985

Schneider, Lars: Peru. Inka Trail und Region Cusco, Struckum 2002

Trimborn, Hermann: Die indianischen Hochkulturen des Alten Amerika, Berlin 1963

Urton, Gary: Mythen der Inka, Stuttgart 2002

Vargas Llosa, Mario: El Paraíso en la otra esquina, Lima 2003

Vargas Llosa, Mario: Tod in den Anden, Frankfurt am Main 1996

Danksagung

Dank gebührt meinen zuverlässigen Begleitern auf vielen Trekkingtouren der letzten Jahre: Fidencio Henostroza (Huaraz) und Martín Henostroza (Huaraz). Hilfe kam auch von: César Castromonte (Huaraz), Leonardo Ccoyso (Ollantaytambo), Lic. Juan Lujan Caballero (Dirección Regional de Industria y Turismo, Huaraz), Hernán Mendoza (Huaraz), Lic. Jorge Pacheco del Castillo (UGSM, Cuzco). Dank ebenso meiner Frau Rosario und meinen Kindern Christian und Markus für ihre Geduld und ihr Verständnis.

Aufwändig gestaltet werden für die Fronleichnamsprozession die Blumenteppiche (hier in Huaraz).

Register

DER AUTOR

Matthias Wittber, geboren 1954 in Karlsruhe, studierte Betriebswirtschaft in Deutschland und den USA. Nach Abschluss seines Studiums bereiste er Lateinamerika. Im peruanischen Bergsteiger- und Trekkingzentrum Huaraz begann er in den Achtzigerjahren mit der Organisation von Bergtouren. Seit dieser Zeit kümmert er sich auch intensiv um die Ausarbeitung und Beschreibung neuer Trekkingrouten. Matthias Wittber lebt heute wieder in Deutschland und arbeitet als Betriebswirt.

Ein kostenloses Gesamtverzeichnis erhalten Sie beim
Bruckmann Verlag
D-81664 München

www.bruckmann.de

Lektorat: Kerstin Seydel-Franz, München
Layout: BUCHFLINK Rüdiger Wagner, Nördlingen
Kartografie: Christian Rolle, Holzkirchen
Herstellung: Thomas Fischer

Alle Angaben dieses Werkes wurden vom Autor sorgfältig recherchiert und auf den aktuellen Stand gebracht sowie vom Verlag geprüft. Für die Richtigkeit der Angaben kann jedoch keine Haftung übernommen werden. Für Hinweise und Anregungen sind wir jederzeit dankbar. Bitte richten Sie diese an:
Bruckmann Verlag
Lektorat
Innsbrucker Ring 15
D-81673 München
E-Mail: lektorat@bruckmann.de

Titelfoto: Start zur Tour 1. Gewaltig ist der Höhenunterschied zwischen dem Talboden des Río Santa (1200 m) und den Gipfeln der nördlichen Cordillera Negra (5200 m).
Bildnachweis: Alle Fotos auf dem Umschlag und im Innenteil von Matthias Wittber.

Die Deutsche Bibliothek – CIP Einheitsaufnahme
Ein Titeldatensatz für diese Publikation ist bei der Deutschen Bibliothek erhältlich.

Printed in Italy by Printer Trento S.r.l.
ISBN 3-7654-4030-2